霓裳经典

T台上的传奇

CLASSICAL DRESS:LEGEND ON T-STAGE

吕 芳 编著 ■

中国社会科学出版社

图书在版编目（CIP）数据

霓裳经典：T 台上的传奇 / 吕芳编著 . —北京：中国社会科学出版社，2011.10
ISBN 978-7-5004-9965-7

Ⅰ . ①霓… Ⅱ . ①吕… Ⅲ . ①服装—品牌—介绍—世界 Ⅳ . ① F768. 3

中国版本图书馆 CIP 数据核字（2011）第 143293 号

出版策划　任　明
责任编辑　官京蕾
责任校对　郭　娟
技术编辑　李　建

出版发行　中国社会科学出版社
社　　址　北京鼓楼西大街甲 158 号　　　　邮　编　100720
电　　话　010 — 84029450(邮购)
网　　址　http://www.csspw.cn
经　　销　新华书店
印　　刷　北京君升印刷有限公司　　　　装　订　广增装订厂
版　　次　2011 年 10 月第 1 版　　　　　　印　次　2011 年 10 月第 1 次印刷
开　　本　710×1000　1/16
印　　张　20　　　　　　　　　　　　　　插　页　2
字　　数　325 千字
定　　价　60.00 元

序

奢华服饰永远是每个女人的终极梦想，我们可以没有男人，却不能没有一件心爱的大牌服饰。路易·威登、香奈儿、范思哲、迪奥每一个都能令女人魂牵梦绕。每一件时装都将时尚与生活完美融合，使人心里不禁产生"明天我就要这样出门"的欲望。女人分很多种，白色少女、奢华贵妇、强势女人、自由新女性，但她们的终极目标只有一个，拥有能展示自己独立风格的服饰。

喜欢香奈儿的女人大多具有革新精神；而有艺术气质的女人总是被爱马仕吸引；优雅女人欣赏纪梵希，而被路易·威登吸引的女人总有那种无可救药的浪漫情调……这也是隽永的服饰拥有跨越时代的神奇魔力。这些全球顶级奢华服饰品牌故事，述说着每个品牌的前生今世：香奈儿——如同永远绽放的山茶花，对于很多人来说是昂贵的，奢华的，甚至是遥远的。但哪里会想到它的诞生只是一个如此的渺小、卑微的女人的执著追求。"LV"这一让世人苦苦追求的标志，一百多年来，世界经历了很多变化，人们的追求和审美观念也随之而改变，但路易·威登不但声誉卓然，而今依然保持着无与伦比的魅力。如此华丽的故事，在你阅览时，你可以把它当做一个绮丽的邀约，一场奢侈的邂逅，一次可以值得期待的艳遇。

目　录 ●●●

1911 年，英国豪华邮轮泰坦尼克号沉没海底，一件从海底打捞上岸的路易·威登（Louis Vuitton）硬型皮箱，竟然没有渗进半滴海水，路易·威登因此声名大噪。

路易·威登（LOUIS VUITTON）
——永远的奢华

  1821年，路易·威登（Louis Vuitton）生于法国乡村一个木匠家庭。14岁的他为了生活不得不离家到400公里外的巴黎拜师求艺，学艺之路是艰辛的，但同时也磨炼了他的意志。一个偶然的机会，他成了为王室贵族出游打理行李的专业技师。拿破仑二世登基的时候，乌婕妮皇后想游历欧洲，但旅

行的乐趣却常常因为一些小问题而大打折扣，皇后那些华美的衣服总是不能妥帖地放在行李箱中。路易·威登凭借自己的智慧，每次都把皇后的衣装巧妙地绑在旅行箱内。很快，他就得到了乌婕妮皇后的留意和信任，每次出行都要带上他。

随皇后出行的过程中，旅行者们的烦恼引起了路易·威登的注意。当时由于交通工具的革命方兴未艾，乘坐火车成为旅行者最时髦的选择，然而这也同时给

他们带来了很大的麻烦：不是旅行箱把衣服弄得皱巴巴的，就是行李包在火车上的颠簸中经常散开，贵重的衣

服、首饰等散落一地。路易·威登认为自己能为更多的人免除旅行之忧，于是，1854年他结束了为宫廷服务的工作，在巴黎创办了首间皮具店，主要产品就是平盖行

李箱。

　　他制作的皮箱工艺精湛，在当时的巴黎名气非常响亮，进而使路易·威登成为皮制旅行用品最精致的象征。如果要买高级的皮件，当以路易·威登作为首选，尤其是皮制的旅行箱更是许多有钱的绅士贵妇不可缺少的。1854年，路易·威登在巴黎市中心的歌剧院附近开设了第一家专门制造出售旅行箱包的店铺，并用自己的名字作为商品品牌，创造了"LV"

图案的第一代。从此，大写字母组合 LV
的图案就一直是路易·威登皮具的象征
符号，至今经久不衰。LV箱包轻巧耐
用，结实防水，加上出色的设计和精细
的手工，其声名很快传遍欧洲，王公贵
族随即成为它的主要顾客。

这种贵族意识后来逐渐延伸至好莱坞与娱乐圈。奥黛莉·赫本在电影《罗马假日》中拿着一个 LV 旅行箱出行；乐坛贵族艾尔顿·约翰，每次巡回演唱，都带着四五十件 LV 行李箱过海关，以展示个人气派。LV 深深懂得以各种策略，来保持它传奇、经典、高贵的价值感。其中，价格策略

是一个关键。LV 的皮具是永远不减价的，从来不会在任何百货公司促销时打折，即使熟客想要跟店员说说情、讲讲价钱，也不可能。这个死硬的销售策略,让忠实顾客可以安心地跟定 LV 的脚步。而每一款箱包都以手工缝制的 LV，生产的速度有限，因此 LV 也会限制顾客买货品的数量。每一款箱包，每个客人只能买一个，以避免同一款箱包被同样的人搜括一空。

路易·威登的皮箱最先是以灰色帆布镶面，1896 年，路易·威登的儿子乔治用父亲姓名中简写的 L 及 V 配合花朵图案，设计出到今天仍蜚声国际的交织字母印上粗帆布的样式。第

一次世界大战时，路易·威登为适应当时的需求，改为制作军用皮箱即可折叠的担架。战后，他又专心制作旅行箱，并获得不少名人的垂青，订单源源不绝。到路易·威登的孙子卡斯顿·威登(Gaston)的时候，路易·威登的产品已推至豪华的巅峰，创制出一款款特别用途的箱子，有的备有玳瑁和象牙的梳刷及镜子，有的缀以纯

银的水晶香水瓶。路易·威登家族还会应个别
顾客的要求，为他们量身订制各式各样的产品。

路易·威登显赫的国际地位

整整一个世纪过去了，印有"LV"这一独
特图案的交织字母帆布包，伴随着丰富的传奇
色彩和典雅的设计而成为时尚经典。100多年
来，世界经历了很多变化，人们的追求和审美

观念也随之而改变，但路易·威登不但声誉卓然，而且仍保持着无与伦比的魅力。

路易·威登高度尊重和珍视自己的品牌。从路易·威登的第二代传人乔治·威登开始，LV的后继者都不断地为品牌增加新的内涵。LV第二代传人为品牌

添加了国际视野和触觉。第三代卡斯顿·威登又为 LV 带来了热爱艺术、注重创意和创新的特色。至今，已有6代 LV 家族的后人为 LV 品牌工作过。同时，不仅是 LV 家族的后人，连每一位进入 LV 家族的设计师和其他工作人员也都必须了解路易·威登的品牌历史，并在工作和品牌运作中将这种独特的 LV 文化发扬光大。

路易·威登的另一个成功秘诀就是力求为尊贵的顾客营造一种"家庭"的感觉。你能想象路易·威登可以为客户提供永久的保养服务吗？路易·威登品牌的产品可以由祖母传给妈妈，妈妈再传给女儿，可以代代相传，无论什么时候你把路易·威登的产品拿来修理养护，路易·威登专卖店都会责无旁贷地尽心

尽力予以帮助。让一家三代能持续地拥有一个品牌的产品，这对于一个品牌生命力的延续意义非常重大。

也许正是路易·威登这种魅力，吸引了无数世界顶尖的设计师的加盟。有顶级设计师阿泽蒂纳·阿莱亚（Azzedine Alaia）、莫罗·伯拉尼克（Manolo Blahnik）、罗密欧·吉利（Romeo Gigli）、赫尔穆特·朗（Helmut Lang）、伊萨克·米兹拉希（Isaac Mizrahi）、西比拉（Sybilla）和维维安·威斯特伍德

（Vivienne Westwood）。这些杰出的设计师们对流行时尚有敏锐的感受能力，他们凭着对路易·威登这一经典品牌的理解，各自发挥

自己的想象力和创造力，设计出令人耳目一新的交织字母标志箱包新品，用于旅游休闲或高雅的社交、工作场所，共同塑造了路易·威登的经典形象。

阿泽蒂纳·阿莱亚设计的女士手包极具魅力，她将豹子皮花纹和色彩与路易·威登的标识"LV"完美地结合在一起，令人眼前一亮。莫罗·伯拉尼克设计了一款椭圆形的包，包里能装下外出活动一天所需的一切物品。既像花朵又像箭筒的包的设计者罗密欧·吉利是个旅游迷，这个包好像是为他自己设计的。包像钱袋一样用带子收紧，不装东西时，呈圆柱形；撑满时，则是花朵

形，男士女士皆适用。赫尔穆特·朗的设计趋向于简约主义，他根据适当的比例，设计了一款可用来装唱盘的箱子，使人们在旅游中也能享受到高质量的音乐，为旅游增添乐趣。伊萨克·米兹拉希设计的透明的塑料购物袋的框架是用天然软牛皮做的，里面可以看见一个雅致的小包，这才是此包真正的核心。西比拉决定设计一款富有青春朝气的箱包，柔软、高雅、神秘且实用，"雨中购物"包就这么诞生了。背包线条简洁，有两根软肩带，

下雨时，包的顶部可撑出一把精巧的雨伞，伞布上印有路易·威登商标，能使你既不被淋湿，又能空出两手拿别的东西，无怪乎被称为"雨中购物"。维维安·威斯特伍德的设计总是出人意料，她确信男人总是先注意到女人的背影，因而根据腰间至臀部的弧度而设计出"屁股包"，包用带子从后向前扣在腰部，也可侧背、手提，包的外部还有两个口袋，十分方便、实用。

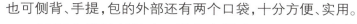

1997年设计师马克·雅各布斯（Marc Jacob）的加入，为路易·威登这个象征着巴黎传统的超级品牌注入一股新的活力。1998年3月，他为从未生产过服装的路易·威登提出"从零开始"的极简哲学，获得全球时尚界正面肯定。他以符合现代女性生活，简约而精致的设计，再度获得"美国最佳女装设计师奖"。

路易·威登——时尚航母

　　路易·威登这个名字传遍欧洲，
成为旅行用品最精致的象征，延续至
今。21世纪路易·威登这一品牌已经不
仅限于设计和出售高档皮具和箱包，而是
成为涉足时装、饰物、皮鞋、箱包、传媒、
名酒等领域的巨型时尚航母，是全世界公认顶
级的品牌，任何国家的名媛或绅士都是其拥有者。

百年来一直以四瓣花跟路易·威
登的字母缩写组合成的设计，成
为各时代潮流的领导者，亚洲国
家尤其是日本更对路易·威登疯
狂的膜拜，近年来日本人则把品
牌塑造成神话般的境界，运用极
具创意的包装行销手法，将路
易·威登推上与艺术合作的殿堂，
路易·威登历经时代的转变，不
仅没有呈现老态，而且还不断的
登峰造极。

　　优秀的品牌总是充满对未来
的启示，1998 年 2 月，路易·威

登全球首家旗舰店在巴黎开业，此后第二家也在伦敦邦德大街开业。同年的8月和9月，第三家和第四家旗舰店分别在日本大阪和美国纽约开业。每间店的经营范围都包括路易·威登传统的箱包系列、路易·威登最新问世的男女成衣系列以及男女鞋系列。

1999年，路易·威登在香港中环置地广场开设了一间旗舰店，占地两层，共6600平方米，店内备有路易·威登全线优质皮具，包括旅行箱、旅行袋、皮手袋、小巧皮制品、笔及崭新的男女时装及皮鞋系列等，还提供私人皮具定制服务。

新店装潢设计主题均配合路易·威登已开业的另外四间旗舰店，融会了传统与时尚，烘托出温暖和谐的气氛，令顾客在购物时倍感舒适自在。五间旗舰店的店面均由美国著名建筑师及室内设计师彼得·马瑞诺（Peter Marino）设计，他曾负责过不少显赫名店的室内设计，并成功地将路易·威登公司100多年来的经典风格融汇在设计之中。

路易·威登品牌100多年来一直把崇尚精致、品质、舒适的"旅行哲学"作为设计的出发基础……

路易·威登品牌档案：

创办人：Louis Vuitton

中文名：路易·威登

英文名字：Louis Vuitton

设计师：Marc Jacobs（马克·雅各布斯）等

发源地：法国

成立年份：1854年

产品线：皮具产品（包括手袋、行李箱、公事包等）、时装成衣、鞋履、

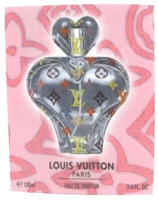

腕表、高级珠宝、书写用品及配饰。

路易·威登（Louis Vuitton）官方网站：http://www.louisvuitton.com

TIPS：

　　LV 有着悠久的历史，汇聚了高贵的职业和深厚的传统，拥有独一无二的国际知名品牌组合。LV 集团主要包括以下五个领域：葡萄酒及烈酒（Wines & Spirits）、时装及皮革制品（Fashion & Leather Goods）、香水及化妆品（Perfumes & Cosmetics）、钟表及珠宝（Watches & Jewelry）、精品零售（Selective Retailing）。

　　香槟、烈酒和皮革制品等的企业大都有着百年以上的历史，有的甚至已经超过两个世纪。酩悦香槟（Moët & Chandon）起源于 1743 年，凯歌黄牌香槟（Veuve Clicquot Ponsardin）起源于 1772 年，轩尼诗（Hennessy）起源于 1765 年；克鲁格（Johan-Joseph Krug）在 1843 年创立了自己的事业，伊甘酒庄（Château d'Yquem）的葡萄酒可以一直追溯到 1593 年。路易·威登之家则创建于 1854 年。

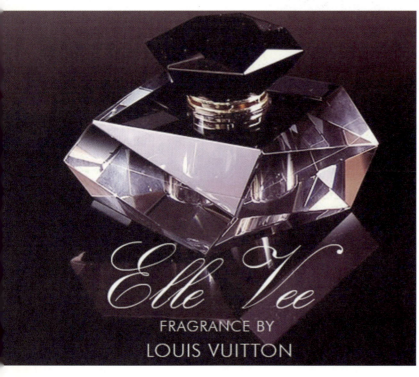

在香水、化妆品和时装领域，LV 旗下的部分品牌创立的时间稍晚，但已在数十年之内培育出了牢固的国际地位。娇兰（Guerlain）创立于 1828 年，迪奥（Christian Dior）创立于 1947 年，纪梵希（Givenchy）则创立于 1951 年，纪梵希已于 1957 年

开始推出自己的香水。

　　如今，LV 集团已拥有超过 5.9 万名雇员，其中 68% 分布在法国以外。LV 旗下还有福利机构路易·威登之家（LVMH House）和 LV 亚洲研究考察奖学金等，此外 LV 集团还致力于保护环境。

香奈儿被称为"法国时装之母"，她在人们心中，不仅是个优雅的品牌，更是一种自信、独立、现代的新女性的标志。

香奈儿（CHANEL）——世界时装之母

　　嘉伯丽·香奈儿（Chanel），同事们惯称她为"女士"，好友们则昵称她为"可可"（CoCo）。毕加索则称她是"欧洲最有灵气的女人"。萧伯纳给她的头衔是"世界流行的掌门人"。1883年8月13日香奈儿出生于法国

的奥弗涅。香奈儿6岁时母亲离世，父亲丢下她和另外四名兄弟姊妹。自此，她由姨妈抚养成人，儿时入读修女院学校（Convent School），并在那儿学得一手针线技巧。在香奈儿22岁那年（1905），她当上咖啡屋歌手并起了艺名可

可（CoCo），在不同的歌厅和咖啡屋卖唱维生。在这段歌女生涯中，香奈儿先后结交了两名老主顾并成为他们的情人，一名是英国工业家，另一名是富有的军官。结交达官贵人，令可可·香奈儿有经济能力开设自己的店。

　　1910年，香奈儿在巴黎开设了一家女装帽店，凭着非凡的针线技巧，香奈儿缝制出一顶又一顶款式简洁耐看的帽子。香奈儿那两位情人为她介绍了不少名流客人。当时女士们已厌倦了花

哨的饰边，所以香奈儿设计的帽子对她们来说犹如甘泉一般。当时她的帽子备受法国某著名女演员的喜爱，从而使香奈儿名声大噪，而她本人简单明快的着装风格也受到了人们的青睐。短短一年内，香奈儿的生意节节上升，于是香奈儿把她的店搬到气质更时尚的康朋街（Rue Cambon），至今这里仍是香奈儿总部所在地。做帽子绝不能满足香奈儿对时装事业的雄心，所以她进军高级订制服装领域。1914年，香奈儿开设了两家时装店，影响后世深远的时装品牌"Chanel"香奈儿宣告正式诞生。

步入20年代，香奈儿设计了不少创新款式，例如针织水手裙、小黑裙、樽领套衣等。而且，香奈儿从男装上取得灵感，为女装添上多一点男儿味道，一改当年女装过分艳丽的绮靡风尚。例如，将西装褛（Blazer）样式加入香奈儿女装系列中，又大胆推出香奈儿女装裤子。不要忘记，在20年代女性是只会穿裙子的！香奈儿本身非常聪明且敢于挑战传统，解放传统

向世俗唱反调，像男女装混穿、把休闲服变成时尚流行、肩背式皮包与套装等，既解放了女人，也开创了女性时尚时代的先河。一直风靡到现代的黑色小洋装，打破当年黑衣服只能当丧服的规

定，香奈儿创造了一个属于她自己的时代！她在1921年成立品牌的精品店，并大胆说出："戴巨大帽子还能活动吗?"终结巨大女帽的年代，香奈儿所设计的简洁女帽成为潮流尖端，她有用不完的创新点子，既表现出独立，同时也表现出她对人心的透彻了解。

香奈儿改写了现代时装史

香奈儿这一连串的创作为现代时装史带来重大革命。香奈儿对时装美学的独特见解和难得一见的才华，使她结交了不少诗人、画家和知识分子。她的朋友中就有抽象画派大师毕加索（Picasso）、法国诗人导演尚·高克多（Jean Cocteau），等等。香奈儿的年代，正是法国时装和艺术发展的黄金时期。

除了时装，香奈儿也在1922年推出

著名的香奈儿N°5香水。香奈儿N°5香水瓶是一个甚具装饰艺术味道的方形玻璃瓶。香奈儿N°5是史上第一瓶以设计师命名的香水，而"双C"标志也使这瓶香水成为香奈儿历史上最赚钱的产品，在恒远的时光长廊上历久不衰！至今在香奈儿的官方网站香奈儿N°5香水依然是重点推介产品。大明星妮可·基德曼（Nicole Kidman）为香奈儿 N°5香水作代言人的广告更是传为经典中的经典。

20世纪三四十年代，第二次世界大战爆发，香奈儿把店关掉，与相爱的军官避

居瑞士。1954年，她重返法国，东山再起。香奈儿以她一贯的简洁自然风格，迅速俘虏巴黎仕女。粗花呢大衣、喇叭裤等都是香奈儿战后时期的作品。香奈儿品牌

成为法国时装史上最光辉的一笔。香奈儿的设计一直保持着简洁高贵的风格，多用格子或北欧式几何印花、粗花呢等布料，舒适自然。在香奈儿去世后的1971年，德国名设计师卡尔·拉格斐尔德（Karl Lagerfeld）成为香奈儿品牌的灵魂人物。

自1983年起，"老佛爷"——卡尔·拉格斐尔德一直担任香奈儿的总设计师，将香奈儿时装推向另一个高峰。还有一处有趣地方堪可提及，就是香奈儿品牌创立了100年，从未制造过一件男装，直至2005/2006年的秋冬系列才制造了几件男装而已。

香奈儿其经典的风格一直是时尚界的鼻祖。她最钟爱用黑色与白色进行美丽的幻化，实现一种绝对的美感以及完美的和谐。她对流行的看法，成为引导这个时代流行的直接心灵导师，她认为美指的是内外皆美，虽然流行不断推陈出新，但是风格永远不会被淘汰。同时她深信"简单"是让美好质感呈现的最佳方式，她留下的经典设计包括：N°5香水、斜纹软呢、双色鞋、黑色小洋装，等等，经典的配件就是主张让女

人双手空出来的皮革穿链带的手提包，她钟爱的山茶花也依旧绽放在绸缎的晚宴包浮雕花样里。

香奈儿虽然由帽店起家，但早在1925年她就开始委托其他公司生产少量腮红、口红和保养品，供自己和客人使用，并且仅在香奈

儿服饰精品店陈列，但这些商品已打上香奈儿名号。1921年N°5香水上市，香奈儿开始往香水、化妆品发展，现在香水与化妆品已成为她表现相当出色的项目，每隔一段时间就推出一种新香水。在领导化妆品流行方面，香奈儿也煞费苦心，每一季推出一项新商品，而且过季

不售！所有产品极具市场吸引力及魅力。香奈儿近几年也推出护肤系列，完整系列为油性、中性及干性等各种肤质设计不同的护肤程序。这几年，香奈儿正积极进攻亚洲保养品市场。

香奈儿一生都没有结婚，她创造伟大的时尚帝国，同时追求自己想要的生活，其本身就是女性自主最佳典范，也是最懂得感情乐趣的新时代女性。她和英国贵族安瑟尼·贝尔萨（Etienne Balsan）来往，对方资助她开第一家女帽店，而另一位阿瑟·卡波（Arthur Capel）则出资为她开时尚店；她与西敏公爵一同出游，设计出第一款斜纹软呢料套装；生命中每一个男性都给

她激发创意的源泉，她不是单靠幸运，而是非常努力认真地工作，甚至到了70多岁的高龄，她都还复出巡视！香奈儿集团在1983年由拉格斐尔德出任时尚总监，但至

今每一季新品仍以香奈儿精神为设计理念。香奈儿，永远的香奈儿！

香奈尔时装永远有着高雅、简洁、精美的风格，她善于突破传统，早在20世纪40年代就成功地将"五花大绑"的女装推向简单、舒适，这也许就是最早的现代休闲服。香奈儿最了解女人，香奈儿的产品种类繁多，

每个女人在香奈儿的世界里总能找到合适自己的东西，在欧美上流女性社会中甚至流传着一句话："当你找不到合适的服装时，就穿香奈儿套装。"用香奈儿的一句话："我不能理解女人为何不能只是为了表现礼貌，出门前都好好打扮一下，每一天谁知道会不会是命中注定的大日子。"女人

的时尚、女人的香奈儿精
神，让这个世界更加美丽
缤纷。"双C"已经成为一
种时尚界的骄傲，也是这
个地球上女人最想拥有的
品牌——永远的香奈儿！
香奈儿已经成为全球最知
名的品牌；"双C"的经典
LOGO将永远袭卷时尚流
行、永不缺席。

献给独立女人 CHANEL2.55手袋

1955年2月，香奈儿女士推出了一款配有金属链条的双层翻盖可闭合方形包，它成为人们所熟知的2.55。金色链带、菱格纹，香奈儿手袋的经典传奇早已享誉全球，并继续深得女性宠爱。它是女人们配饰品中的明星之选，

完美融合了视觉魅力和实用性，以及创新和传统，半个世纪以来已成为精品的象征。很多年以来，这款包在原设计上出现了很多的变化，包括皮革或织物的面料，金属链条或与皮革相互交织缠绕的链条，双层翻盖或单层翻盖，以及方形锁扣或双C图形锁口。最早的香奈儿2.55有两个款式：日间采用有纹路的小羊皮面料，晚间则使用丝绸或者针织花呢以搭配晚装，且早期生产的香奈儿2.55百分之八十都是黑色的。

CHANEL N° 5, 每个女人渴望的

香奈儿在1921年推出的香奈儿N° 5是第一款香水，灵感来自花束，融合了奢华与优雅，且

表现出女性的勇敢与大胆，完全打破了当时香水的传统精神。香奈儿女士崇尚简洁之美，她希望以简单而不花哨的设计为最初诞生的香水做包装——长方体附以利落线条的香水瓶，香奈儿N°5的黑色字眼呈现于白底上。香奈儿的N°5号香水，让5成为香水界的一个魔术数字，代表一个美丽的传奇。"5"是香奈儿女士的幸运数字，当时巴黎香水界的名鼻欧内斯特（Ernest）研制了几款香水样品，香奈儿女士在众多香水样品中，选择了第5支香水，而香奈儿N°5香水的发表日，恰好在5月

25日，与香奈儿第5场的时装发表会同时举行。1953年，香奈儿N°5成为第一个在电视上打广告的香水。

从玛丽莲·梦露那件著名的睡衣——香奈儿N°5诞生以来，香奈儿的香水始终以高贵优雅的形象深入人心。1956年，它还成为纽约大都会博物馆的收藏品。直到今天，香奈儿N°5依然稳坐世界销售冠军的宝座。

香奈儿品牌档案：

中文名：香奈儿

英文名：CHANEL

国家：法国 巴黎

创建年代：1910年

创建人：可可·香奈儿
（CoCo Chanel）

现任设计师：卡尔·拉格斐尔德

产品系列：高级定制服、高级女装成衣、香水、彩妆、护肤品、鞋履、手袋、眼镜、腕表、珠宝配饰。

香奈儿（Chanel）官方网站：http://www.chanel.com

Dior

二战后，一颗来
自法国的"炸弹"投
入了时尚界，不仅是
视觉及观念的震撼，
更影响了之后整部时
装史的发展，颠覆了
时装潮流。

迪奥（DIOR）——颠覆时装潮流

一提到Dior（迪奥）这个品牌，相信有大部分人都会用上典雅、细致、充满艺术这样的词汇。"Dior"在法文中是"上帝"和"金子"的组合，金色后来也成了迪奥品牌最常见的代表色。

克里斯汀·迪奥——充满艺术与花朵的一生

　　出生于1905年1月21日的迪奥先生，从小在法国北方诺曼底美丽的海滨
度假城市格兰维尔（Granville）长大。他的家庭在当时属于显赫的上流社会

世家，父亲靠着化肥的生意成为一名成功富有的商人。迪奥先生在家里5个孩子中排行老二，虽然家境富裕，但其父母对孩子的严格管教却毫不懈怠。孩提时代的迪奥先生对自然与花草有着非常特殊的喜好与兴趣。甚至当他成年

之后，他最喜欢的休闲活动就是卷起衣袖，拿着锄铲在花园内种花除草。他母亲所照料的私家花园在当时享誉远近，而至今他家的花园仍是格兰维尔城市里一个知名的观光景点。迪奥先生爱花的特性也在他的作品中不断出现，如他于1947年的第一回新装发表会就命名为"Flower Women"

（花样仕女），他的许多服饰细节与刺绣设计也用花朵的外形或色泽来作为灵感的来源。在法国为了赞誉他对园艺的热爱，还有一种玫瑰花以他的名字

为花名，这种名为迪奥小姐（Miss Dior）的玫瑰花，也是他在1947年所推出的第一款，带着同样玫瑰花香的品牌香水名称。迪奥毕生对艺术的热爱与追求也是不遗余力。从小就喜好绘

画的他，经常描绘一些市集景象，尤其是格兰维尔每年一度的嘉年华会游行

队伍中的马车、花簇及精心装扮的游客。1910年迪奥先生跟着家人迁往巴黎，由于他与母亲同样钟爱美丽的事物，所以迪奥先生经常陪着母亲一同试穿选购的新装。不过和

多数人一样，迪奥先生的父母认为像他们如此显赫家庭出身的孩子，应该有一份体面正经的工作，而不是整日沉迷于艺术与花卉中。所以当他高中毕业后，提出希望进入艺术学院深造时，立刻遭到父母断然地拒绝。注重家庭观念的他，为了尊崇父母期盼他成为外交

官的心愿，于1923年进入巴黎政治学院（Ecole des Sciences Politiques）就读，但同时也与家人达成协议，在课余时间继续学习自己喜欢的艺术与音乐课程。

在求学过程中，他开始接触当时巴黎最时髦与最前卫的新鲜事物，如来自俄国的芭蕾和抽象

派画家的作品。他还遇到一群与自己志同道合的朋友，而这些人以后在各自的领域，也都成了知名的佼佼者，如达达主义艺术大师达利（Dali）、抽象派大师毕加索（Picasso）、音乐家亨瑞·桑吉特（Henri Sauguet）

与作曲家莫里斯·萨克斯（Maurice
Sachs）等。由于他将所有的时
间与精力都花在音乐与艺术的兴
趣上，使得巴黎政治学院不得不
对他提出严重警告。1927年服完

兵役后，迪奥先生的父亲实在抵不过他对艺术的热爱与付出，决定出资帮他开一家画廊，不过前提就是不准以家族的名字为画廊的名称，于是这家叫Galerie Jacques Bonjean的画廊终于开幕，并且如迪奥先生所愿地展出了毕加索、马蒂斯、达利等20世纪现代艺术大师的作品。

1931年，迪奥先生的父亲经商失败，宣告破产，于是他的画廊也随之关闭。而他最敬爱的母亲也不幸去世。在如此沉重的打击下，迪奥先生无忧无虑的富裕青年时代从此宣告结束。他开始了居无定所、食不果腹的艰苦凄惨生活。不过他并没有因而失去对生活的热忱与信心，他拿起画笔在一位做裁缝的朋友那里觅得一份画素描与纸样的职务，这虽是一份不起眼的工作，却成了他日后辉煌生涯的起点。他先后曾在巴黎服装设计师罗伯特·皮盖（Robert Piquet）与卢西安·勒朗（Lucien Lelong）门下担任助理，学习如何制作高级订制服装的艰深技艺。第二次世界大战期间，巴黎投降了，迪奥先生被迫帮德国纳粹军官们的夫人设计服装。不过具有讽刺意味的是，当时巴

黎缺乏水、电、粮食，甚至有些人还没有衣服穿，但法国人引以为傲的高级订制服装传统却因而被保存了下来，并被发扬光大成为现今代表法国文化的重要元素之一。战争结束后，迪奥先生在偶然的机会下巧遇了商业大亨

马切尔·博萨克（Marcel Boussac），当时这位财富巨子正在物色一位设计师来共同合作进军时尚事业。两人一拍即合，1946年，拥有85位员工与投入资金6000万法郎的第一家迪奥（Christian Dior）店于巴黎最优雅尊贵的蒙田大道（Avenue Montaigne）30号正式创立，全店装潢以迪奥先生最爱的灰白两色与法国路易十六风格为主。而这一刻，即是影响20世纪流行女装服装史的最重要一刻。1947年，迪奥被授予美国的雷门马可斯奖（Neiman Marcus Award）。1950年，法国又颁发给他

"荣誉勋位团"勋章（Remise de la Legion dhonneur）。1957 年，迪奥在意大利因心脏病突发离世。

引爆第二次世界大战后时装界的一次革命

1947年，迪奥先生推出被誉为震撼性创作的其第一个个人时装系列，那些收腰外套及宽身长裙，具有柔和的肩线，纤瘦的袖型，以束腰构架出的细腰，从而强调出胸部曲线的对比，再加上与各种具有微妙细节的帽子和手套等配件交相衬托，从而营造出极其优雅和纤美的女性气氛，颠覆了所有人的目光，被称为"New Look"新视觉，该系

列令迪奥名声大噪，因为他那有别于当时传统时装模式的新颖设计，重建了战后女性的美感，树立了整个50年代的高尚优雅品味，恰似第二次世界大战后时装界的一次革命。克里斯汀·迪奥的名字深深地烙在女性的心中。在随后的10年里，迪奥先生所设计的每一个系列，都是那么的高雅尊贵，尽现女性之妩媚。迪奥之所以能成为经典，除了其创新中又带着优雅的设计，也培

育出许多优秀的年轻设计师——伊夫·圣·洛朗，他所设计的产品都被冠以"迪奥女士"的优雅名字，成为如今迪奥主线销售的基本款式。

2001年法国籍设计师艾迪·斯理曼（Hedi Slimane）加入迪奥后，把男装改名迪奥·桀傲，他的设计强调完美的线条，

超小尺码的服装透过精瘦的年轻男模特儿呈现出一种带点病态的美感，风靡了全球。

　　不论是高级订制时装（Haute Couture）的高单价订制礼服，或是高级时装（Ready-To-Wear成衣）的实穿服装，迪奥没有一刻忘记创造时尚的最高原则——精致的剪裁。这是迪奥一直以来的主要设计精神。如今，迪奥的品牌范围除了高级时装外，已拓展到香水、皮草、针织衫、内衣、化妆品、手表、眼镜、珠宝及鞋，甚至是家饰品等领域。迪奥在不断尝试、不断创新的同时，却仍始终保持着优雅的风格和品味。

迪奥高级女装

　　迪奥女装的设计重点在于女性造型线条而非色彩，强调女性凹凸有致、形体柔美的曲线。在迪奥的设计中女性独特的魅力被淋漓尽致的体现，在这种当时完全不被欣赏的黑色系经迪奥的手也成为一种流行的颜色，迪奥的设计一扫第二次世界大战后女装保守呆板的形象，这种设计让法国及西方世界

为之轰动，让女性为之动容。

　　迪奥的晚装最为奢华古典，大V领的卡马莱晚礼裙，多层次兼可自由搭配的皮草等，均出自于天才设计大师迪奥之手，其优雅的窄长裙，从来都能使穿着者步履自如，体现了优雅与实用的完美结合。

迪奥彩妆

　　1955年，迪奥第一支唇膏诞生，它是蓝金唇膏的前身，容纳于方尖玻璃樽内，仿若一款珠宝，一经推出便成为经典！蓝金唇膏以其深浅蓝色相间的六角形造型，延续了近半个世纪。

迪奥香水

　　克里斯汀·迪奥先生在1947年成立了时装店，同年创立了迪奥香水（Parfums Christian Dior），推出称为"迪奥小姐"的新式香水。这是一种植物性绿色西普香水。"迪奥小姐"被盛放在漂亮的双耳尖底瓮形状的巴卡莱特香水瓶里面，后来香水在花香调中加入了一种清淡的绿叶香气，而香水瓶则改为一种提壶属植物的形状。"沙丘"（Dune）是获得1993年最佳女用香水奖的香水，因为加入了一种海洋的气息，而成为一时之尚。而获奖香水

"甜蜜自述"（Dolce Vita）的创意隐含在它复杂的类型描述中——花香调、清新辛香和淡雅木香型。而最畅销的香水"毒药"（Poison）是一款淡香水，也曾限量推出过浓香水。香型是琥珀木香型和麝香型。

迪奥品牌档案：

国家：法国

创始人：克里斯汀·迪奥（Christian Dior）先生

创建年代：1947年

产品类别：女装、男装、香水、皮草、内衣、化妆品、珠宝、鞋靴及童装等。

公司总部：法国巴黎

迪奥（Dior）官方网站：http://www.dior.cn/

爱马仕（Hermes）是法国式奢华消费品的典型代表。爱马仕始终保持经典和高品质，将一流工艺的制作、耐久实用的性能与简洁大方和优雅精美相结合。爱马仕不但是身份、地位的象征，而且被誉为能够让你一生永不落伍的时尚之物。

爱马仕（HERMÈS）——缔造男人本色

　　爱马仕的神奇，一切均源自巴黎一个生产马鞍及马具用品的作坊。故事要从第二帝国时期法国（1852—1870）的一间高级马具店开始讲起。那是汽车未登场前的19世纪，那是一个承平奢华的年代，马车是最清楚不过的名牌。当时贵族们爱用的马车"Le Duc"就是爱马仕马车商标的由来。

Emile Hermès（埃米尔·爱马仕）

今日爱马仕总部位于圣·奥诺雷大街（Faubourg Saint-Honore）24号，此为第二任总裁查理·埃米尔·爱马仕（Charles-Emile Hermès）决定发展马具周边商品与直营事业的起始点，超过100年的店铺早已是巴黎的时尚象征之一。

　　1837年，生于德国、原籍法国的蒂埃利·爱马仕（Thierry Hermès）在马嘶声不绝于耳的当时被称为"大商业区"的巴黎开设了马鞍及马具作坊。他的首宗生意即是为马匹制造项圈！由于蒂埃利·爱马仕一丝不苟的做工，在1867年的世界皮革展览中蒂埃利·爱马仕获得了一等业务奖章，由此奠定了他在马具皮革等系列产品

中的坚固基础。1879年，蒂埃利的儿子查理·埃米尔·爱马仕将家族企业扩大，将店铺搬至巴黎福宝大道24号与当地贵族靠得更近，并推出皮件系列和"马鞍针步"的行李箱，创造了爱马精神的崭新风格，使爱马仕事业有如脱胎换骨般地成长，并确立了爱马仕独树一帜的风格。从此，爱马仕走出巴黎，走向欧洲各国。爱马仕制造的高级马具当时深受欧洲贵族们的喜爱，其品牌也成为法国式奢华消费的典型代表。在儿子埃米尔·爱马仕的协助下，爱马仕成功拓展以城市精英为主的欧洲、北美、俄罗斯、美洲及亚洲客户市

场。足迹更远至安南、越中、暹罗、巴西、厄瓜多尔、墨西哥和智利……

与时俱进的爱马仕

　　进入20世纪，汽车在欧美上流社会逐渐普及，高级马具的市场需求逐渐萎缩。爱马仕及时转产，开始向产品的多元化方向发展。在固有的产品外，新创了一系列皮包、行李箱及旅游用品、运动及汽车配件、丝巾、皮带、手套等产品。不过，爱马仕仍以缝制马具的精湛技术生产各类皮制品，从而保持着精致的手工与质感。在爱马仕第二代掌门人埃米尔·爱马仕的努力下，

爱马仕制品走进欧洲各国的皇宫，成为御用珍品。

1920年，爱马仕为威尔士王子设计的拉链式高尔夫夹克衫，成为20世纪皮革服装中最早的成功设计，引起一时轰动。1951年起，爱马仕企业由埃米尔的女婿罗伯特·迪马接掌。60年代起，罗伯特与表兄弟们携手合作，把年轻的朝气与热诚注入集团。他

们重新演绎了丝绸制品、皮革制品和时装等系列，将先进的技术与传统的生产工艺相结合。此后又陆续推出了香水、西装、鞋饰、瓷器等产品，成为横跨全方位生活的品位代表。罗伯特·迪马本人也是出色的丝巾设计师，他的经营使爱马仕丝巾获得了举世赞誉。

1978年，爱马仕家族第五代传人杜迈就任集团主席兼行政总裁，他在瑞士的比尔成立了爱马仕手表厂（La Montre Hermès）的制表分部；之后又推出了珐琅和陶瓷产品，并

收购了制鞋商约翰·罗布（John Lobb）、圣·路易斯（Saint-Louis）水晶工坊以及金银工匠博艺府工坊（Puiforcat）。同时开发了手表和桌饰系列等新商品，赋予了爱马仕新的素材和气息。20世纪80年代，象征身份的服饰穿着之风卷土重来，爱马仕以出人意料之势迅速发展。因摩洛哥王妃格蕾斯·凯莉而得名的爱马仕"凯莉包"（Kelly）风行一时。色彩明快的皮革制品、手感舒适的开丝米披巾、耀眼的珠宝首饰和丝质芭蕾式拖鞋等都受到女士们的青睐。在男士用品方面，爱马仕推出了有精致内衬的皮夹克、斜纹呢便装、充满活力的运动外套、图案花哨的真丝领带等。其后，爱马仕又相继推出陶瓷及水晶工艺制品。温莎公爵伉俪、小森美戴维斯、英格丽·褒曼、肯尼迪夫妇及当时各新晋巨星，如罗密·史奈德、凯瑟琳·德纳芙等，均对爱马仕爱戴有加，爱马仕品牌从此成为传奇。

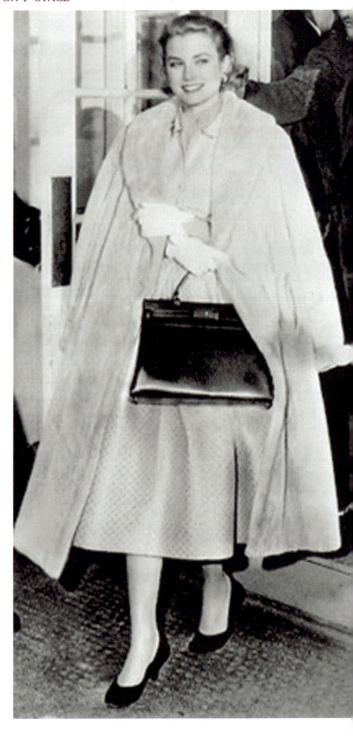

今天的"爱马仕"已经成为时尚领域最著名的文字之一。目前爱马仕拥有14个系列产品，包括皮具、箱包、丝巾、男女服装系列、香水、手表等，大多数产品都是手工精心制作的。让所有的产品至精至美、无可挑剔，是爱马仕的一贯宗旨。有人称爱马仕的产品是思想深邃、品位高尚、内涵丰富、工艺精湛的艺术品。在爱马仕所有产品中，最著名、最畅销的当属精美绝伦的丝巾。自1937年为纪念100周

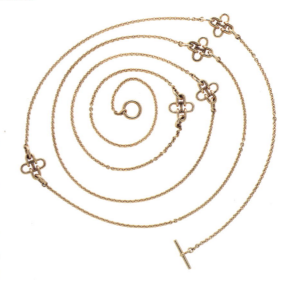

年店庆推出第一款丝巾以来，爱马仕丝巾一直是许多上流社会男士馈赠女士礼物的首选。爱马仕丝巾质地华美，有细细的直纹。英国邮票上伊丽莎白女王所系的丝巾，就是爱马仕的杰作。另外，皮袋也是爱马仕最成功的产品之一，要定制一个有爱马仕镇店之宝美名的"凯莉包"，需要等上几年时间，因为它的每一块皮革，都要经过多重繁复的步骤来处理。这种皮包均有制造匠师的标记，不论维修或保养，都由同一匠师负责。如此严谨的制作，正是

它金贵的原因。

爱马仕女装保有爱马仕集团依旧的优雅，没有繁复的设计，却彰显服饰的气质，同时展现服装的机能性与高度的舒适性，是当今持续让爱马仕掳获人心的重要准则。在经营上，爱马仕坚持不转让其商标生产许可证，因而每一件产品，都有着严格的质量保证，其产品将一流的工艺制作、耐久实用的性能与简洁优雅相结合，不但是身份地位的象征，而且成为永不落伍的时尚之物。如今的爱马仕集团分为三个体系，即皮革用品（Hermès Sellier）、手表（La Montre Hermès）及香水（Hermès Parfums）；在全球拥有186家专卖店、56个零售专柜，为了维持一贯保有的爱马仕品位与形象，所有产品的设计制作，包括对每家专卖店的格局设计，甚至连陈列柜都是在法国原厂订制，并空运至各地，期望保持

的是百年历史的坚持。爱马仕自1976年成立控股公司以来，爱马仕集团扩大并加强了全球业务，并以惊人的速度增长，这得益于其一贯的高档、高质原则和独特的法兰西轻松风格，在此基础上融入流行因素，这正是其产品永具魅力的原因。

爱马仕丝巾

1937年，由骑师外套引发灵感的第一条爱马仕丝巾诞生。爱马仕丝巾不是一片片平平滑滑的丝绸，而是有细直纹的丝布，它是把丝线梳好上轴再编织而成，特点是不易起褶皱。有时，为了使丝巾更具特色，会在编织过程中加上暗花图案，如蜜蜂、马等。

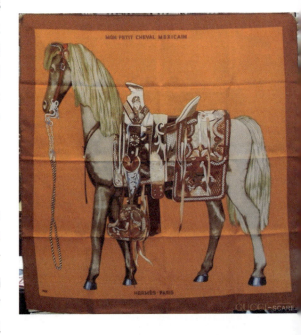

调色师按照设计师的标志，挑选合适的颜料，每种颜色必须用一个特制的钢架，运用丝网印刷原理，把颜色均匀的逐一扫在丝贴上。每一方丝巾需扫上多少种颜料，这要根据设计图的要求而定，一般是12—36种，最高纪录达到37种。

色泽决定以后，便开始印刷，然后再裁成90厘米见方的丝巾。固定色彩也是一项烦琐的工作，必须经过漂、蒸、晾等程序，色彩才不会脱落。最后，由工艺部以手工缝口，折好边后，一方飘逸出众的丝巾，才算完成。

　　丝网印刷的工序，本可用电脑代替，但爱马仕却坚持手工上色。卷边也不用缝纫机，而是手工缝制。

　　爱马仕的丝贴，只有90平方厘米这一种规格。每方爱马仕丝巾的重量，也只有75克。自1937年至今，已有900款不同的爱马仕方形丝巾面世。爱马仕有个不成文的规定，就是每一年有两个丝巾系列问世，每个系列则有12个不同的设计款式，其中6款是全新的设计，其余6款，则是基于原有设计而作的重新搭配。

　　爱马仕丝巾的制作，汇集了无数精美绝伦的工艺，它们全都以里昂区为基地，从设计到制作完成，必须经过严谨的8道工序：主题概念至图案定稿→图案刻画→颜色分析及造网→颜色组合→印刷着色→润饰加工→人手收边→品质检查与包装。就这样，每一条丝巾通过层层关卡，需费时18个月才得以诞生。一条爱马仕生产的丝巾，就如同一件值得收藏的艺术品，独一无二而魅力四射。

爱马仕"凯莉包"

　　20世纪50年代好莱坞全盛时期诞生的电影明星中，不乏爱马仕爱好者，其中就有后来成为摩纳哥王妃的格蕾斯·凯莉，她非常喜欢爱马仕的手提包，经摩纳哥王室的许可，爱马仕正式将为其制作的手提包改名为"凯莉包"。源于马鞍包的爱马仕的手提包，当时已有28厘米、32厘米和35厘米三种型号。1968年，"微型凯莉包"面世。1980年，"凯莉包"系列中，又增加了40厘米的新款。至今，凯莉包都是销路最好的手袋。值得一提的是，爱马仕手提包制作也继承了其制作传统，从头至尾由一人缝制，并打上编号。这既是为了方便顾客的修理，更体现爱马仕工匠对自己手艺的自豪感。

精致奢侈的爱马仕男士香水

香水融合了个人的生活态度，能开发生活美感与创造性，男性如何恰当地使用香水是一门学问。一个成熟男性对生命的热情，以及恋爱、事业加上气质内涵再来搭配使用

香水，才会激发吸引人的魅力。使用香水会随着不同的心情，闻一闻让直觉决定用什么样的香水；与人见面，香味是决定第一印象无形的沟通，更能拉进人与人的距离。

自1837年以来，爱马仕品牌主要销售最精致、最豪华、最奢侈的各式材料制造的产品。爱马仕是在创造、推广和经销爱马仕"梦想"。爱马仕在急剧多变的世界中屹立不倒，显示出其出类拔萃的品质。爱马仕在"演变性，而不是革命性"中保持传统，打破桎梏，平衡新与旧，稳重与时尚。

识别爱马仕

爱马仕产品的标志主要有三个。第一个是马车图案，它是爱马仕以经营马具起家的悠久历史与精致品质的传统象征，通常只会在产品内部不显眼的

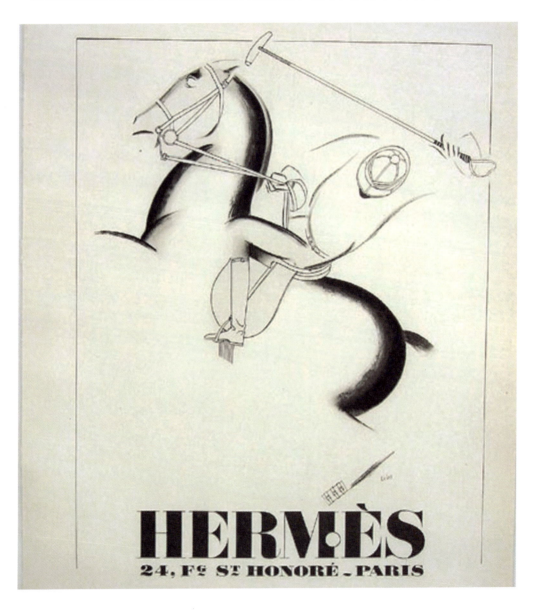

地方看到。第二个是爱马仕的大写签名"HERMÈS"，如果不是与马车图案一起出现，它通常会被安排在按扣或表面上，下面有一行"PARIS"小字。第三个是"H"字形，这在近些年的产品上经常出现，如"H-our"手表系列的表面造型，以及男女拖鞋上。

爱马仕品牌档案：

国家：法国

创建年代：1837年

创建人：蒂埃利·爱马仕

公司总部：巴黎福宝大道24号

女装设计师：20世纪90年代末，马丁·马吉拉任爱马仕女装设计总监，2004年由让·保罗·高缇耶（Jean-Paul Gaultier）继任至今。

男装设计师：维罗尼克·妮莎尼安

产品类别：皮具、箱包、丝巾、男女服装系列、香水、手表等

爱马仕（HERMÈS）官方网站：http://www.hermes.com/

提到皮草自然就会想到芬迪（FENDI），从皇族专供到时尚流行，芬迪就是奢华、沉稳、优雅女性们专用的精品。深入观察芬迪的世界，便能慢慢体会到它的奢华美学！

1966 K. Lagerfeld's debut

芬迪（FENDI）——皮草奢华王国

芬迪从一家专为显贵及好莱坞女星设计定做皮草大衣的"皮草皮草专卖店"，至继普拉达（Prada）、古奇（Gucci）之后，成为奢华皮草的代名词。皮草起家，以母系为中心的家族的前世今生在皮草的世界里，让人不能忘却的是一个越老越青春的时尚品牌——芬迪，这个累积了80多年精湛工艺的芬迪，一直是时尚潮流的引领者和名贵皮草制造商。1918年，21岁的阿黛

勒·卡萨格兰德女士（Adele Casagrande）在意大利首都罗马中心的平民表决大街（Viadelplebiscito），开了一家小型的皮具与皮草商店，这家店就是现今闻名全球的精品王国——芬迪的前身。

　　1925年，阿黛勒·卡萨格兰德下嫁爱德华多·芬迪（Edoardo Fendi），成为阿岱儿·芬迪。之后，她将店名改为芬迪，从此这家小型商店迅速发展成为时装王国，制造着世界上最奢华矜贵的商品，并创下一段光辉历史。1946年，阿岱儿的大女儿年仅15岁的皮诺拉正式加入家族生意，等到阿岱儿的另外四个女儿安娜（Anna）、弗兰卡（Franca）、卡拉（Carla）和阿尔卡（Alda）渐渐长大成人后，也开始像她们姐姐那样进入家族企业，自此，芬迪第二代传人形成。五个女儿的加入，为其公司注入了新鲜的思想和活力，也让芬迪更贴近当代女性日新月异的需要。当时其名下的家族式小店在罗马拥有着

一长串皇族私密客人的名单，更显得非同一般。1954 年，五姐妹正式全面接管芬迪业务，这一年，阿黛勒的丈夫爱德华多去世。她们着手开始打造品牌，希望有朝一日能傲然屹立于世界时尚之列。

1964 年，芬迪有了新的转变，年轻的设计界创新奇才、德国设计师卡尔·拉格菲尔德为芬迪设计出第一套高级定制服，第二年，拉格菲尔德正式加盟芬迪。拉格菲尔德为其设计出著名的"双F"（Doublef）芬迪商标，芬迪至此正式成为一流的国际品牌。1969 年，

芬迪在意大利佛罗伦萨的皮蒂宫（Palazzo Pitti）首次推出其成品皮草服装秀，获得空前成功。自此，芬迪皮草制品从曾经简单的身份象征，转而成为世界上屈指可数的奢华时尚品牌的一员，成为奢华时尚的标志。

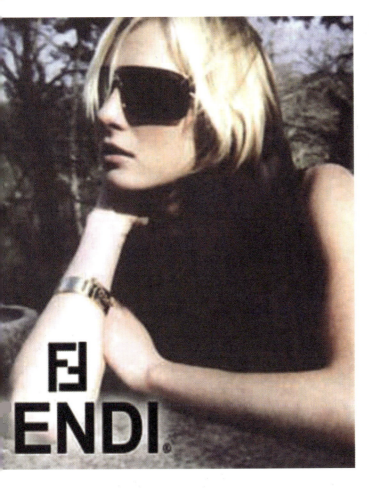

Moss），好莱坞巨星麦当娜（Madonna），詹妮弗·洛佩兹（Jennifer Lopez），妮可·基德曼（Nicole Kidman）等，以及欧洲著名导演索菲亚·科波拉（Sofia Coppola）等人；亚太区则有国际红星张曼玉、章子怡、全度妍（韩国）及长谷川理惠（日本）等女星都拥有过该品牌。

芬迪的里程碑

未来都在掌控之中，专卖店遍布全世界。现在，芬迪在全球 25 个国家共拥有超过 144 间专卖

店，总部依然驻留在其发源地罗马。在经营策略上，芬迪对未来有着长足的谋虑，利用特许证经营的方法开发了如饰物、手套、笔、灯、眼镜及香水等，使芬迪品牌的无形资产得到充分的利用。当累积了众多成功经验时，芬迪又不断扩展其时装王国版图，并将焦点投放于发展蓬勃的亚太区市场，尤其中国地区的业务，在广州丽柏广场开设新概念专门店，显示它在零售业方面灵活多变

拉格菲尔德对毛皮进行革新处理，如将真正的动物毛皮处理成有着仿制毛皮的外观效果；在毛皮面料上打上大量细小的洞眼以减轻大衣的重量便于穿着；对毛皮进行多彩染色处理等。其创新设计还包括用水貂皮作边饰的牛仔面料大衣，选用如松鼠皮、雪貂皮等毛皮进行大胆设计。拉格菲尔德施展其大师级本领，将芬迪卓越不凡的经典工艺，结合新锐的理念。芬迪与拉格菲尔德扭转传统，凭借各种崭新技巧，包括镶嵌、光化及编织等，震撼了皮草市场，更改写了时装历史。超乎想象的杏色、淡黄绿色及萤光粉红皮草大衣纷纷亮相，成为人所共羡的高尚潮流新贵。

芬迪推出的皮草成衣系列，成功开创高尚时装风潮。继此之后，芬迪再次掀起皮革革命，为皮具产品注入新构想。各款优质真皮手袋，破天荒结合了印刻、编织、染色及鞣革等新技术，令人眼前一亮。从此，女士们的手袋不单是一件随身携带的实用物品，更是高级的时尚配饰。

芬迪于 20 世纪 70 年代大举进军华贵服饰市场，将品牌声誉推向新高峰。一系列潮流外套、趋时大衣及新款裙子，塑造了独一无二的芬迪女人（Fendi Woman）形象。进入 80 年代之后，"芬迪女性"时装更上一尺竿头，先后推

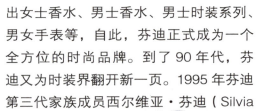

出女士香水、男士香水、男士时装系列、男女手表等，自此，芬迪正式成为一个全方位的时尚品牌。到了90年代，芬迪又为时装界翻开新一页。1995年芬迪第三代家族成员西尔维亚·芬迪（Silvia

Venturini Fendi）加入家族事业，这时，芬迪已有80年的历史。西尔维亚·芬迪成为设计部门经理，她是芬迪家族安娜的女儿。西尔维亚从小就接受了家族设计的熏陶，4岁就认识了拉格菲尔德，几乎每个月都会收到各位设计大师给她推荐的书籍，上面还有各种评语和注解。西尔维亚起初想逃避时尚业和家族产业，和一个法国珠宝设计师结婚，搬到南美去

住。但最终她还是成为这个家族的新一代成员，这一切，似乎早已是她命中注定的。90年代之后，时尚行业开始更加注重人类与自然的和谐共存的意识，并尽量尊重

自然界中其他生命的生存权利。一直被视为皮草代名词的芬迪，逐渐陷入停滞局面，在时尚行业岌岌可危。然而，仿佛一夜之间，芬迪借着一款细长可爱、宛似法国长面包（Baguette）的玲珑手袋，掀起新一轮追风热潮，芬迪品牌涅槃重生，成为时尚灯光的焦点。这款手袋是由阿黛勒·芬迪的孙女所设计，此款手袋也从此成为芬迪经典。此后芬迪也被视为时尚界奢华手袋制作的杰出引领者，不断引起追风。直到现在，芬迪仍然演绎着她们母系家庭的皮草传奇，耀眼而辉煌。

芬迪皮草，奢华背后的温情

皮草的奢华和妖艳，柔软而温暖，无不蛊惑着不同时期的人们的心。纵然芬迪起初是小规模经营，提供的却是华贵产品，深受皇室成员、贵族及社会精英青睐。坚持选用顶级毛皮及专业匠师缝制产品的芬迪，在选料上极其严格，每块毛皮均由专人挑选，特别讲究纹理与光泽，确保制成品柔软顺滑。无论是亮白长毛、顺滑细致的加拿大山猫皮，还是娇小玲珑、柔软无比的

栗鼠皮；或变化多端、亮丽耐用的貂皮，均经过精挑细选，确保顶级质量。由于俄罗斯貂皮是皮草中的极品，因而成为芬迪皮草系列中的首选。 芬迪家族还有着重新演绎经典质料的强项：柔软鬈曲的波斯羊毛，变出焕然一新的时代感；栗鼠的近亲獭兔，被芬迪率先采用作为皮草，继而成为广受欢迎的流行质料。随着品牌日渐成功，芬迪扩展产品系列，精心设计及创制丝巾、领带、手套、眼镜、牛仔裤等。精美绝伦的皮草设计，包括繁复拼花、结辫及钩针织物、俏丽的"棒球针步"镭射切面、丝带式样、皮草混合其他名贵质料，还有超轻针织皮草，均是芬迪驰誉国际的佳作。将经典的华贵标志重新演绎为精致考究的现代衣饰，彰显芬迪的品牌精神。长身皮草大衣、斗篷、上衫、胸针及各款装饰品，已成为每位女士日常生活的一部分。更让人感叹的是，芬迪非凡的皮草设计在星光熠熠的舞

FENDI

CRÈME VOLUPTUEUSE POUR LE CORPS
VOLUPTUOUS BODY CREAM

FENDI
PALAZZO

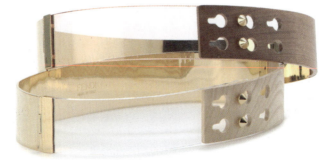

的现代化构思，并计划未来数年在中国开设更多专门店。1983年，芬迪亚洲第一家精品店落成于香港。

1985年，这一年是标志芬迪的重要里程：罗马的国家现代美术馆（National Gallery of Modern Art）为庆祝芬迪成立60周年及拉格菲尔德加盟芬迪20周年，特别举办大型展览会。在会上介绍了建立一组新系列产品的复杂性、创新性及技术

程序。同年，芬迪首次推出香水。1989年，芬迪在美国开设首间旗舰店。第二年，首次推出芬迪男士（Fendi Uomo）系列，包括全线服装及配饰。1994年，拉格菲尔德获选为集团主席，重新推出由阿黛勒·芬迪所创的Selleria，这一系列卓越工艺产品包括手袋、旅行袋及皮革小配件，采用芬迪宫殿（cuoio fiore）及百分百人手缝制，全部限量生产并附有产品编号。1999年，成绩骄人的芬迪与路易·威登集团及普拉达结为伙伴，务求令其业务在21世纪再创高峰。2001年，业务重组及发展上再创佳绩，在加强店铺网络方面的成果尤其显著。芬迪专营店由4间扩展至85间，

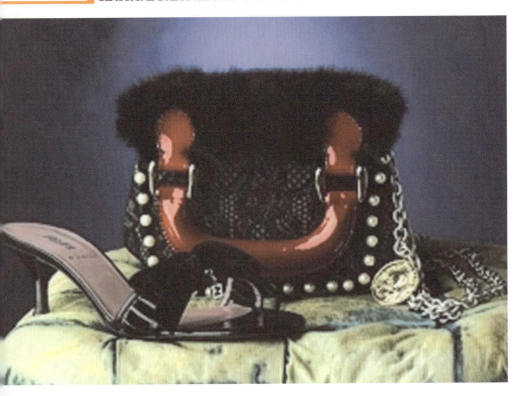

其中包括巴黎及伦敦的旗舰店。2005年，芬迪庆祝成立80周年，于罗马开设芬迪宫殿（Palazzo Fendi）。这个位于市中心的新总部，是芬迪创意灵魂的大本营——集创意坊、皮草制作坊及时装店于一身，是全球最大规模的芬迪专门店，也是彼得·马里诺精心设计的杰作。2007年，芬迪在中国长城成功举办了举世轰动的时装会演，带来了芬迪国际顶级精品的磅礴气势。2008年芬迪坐落在美国加州的比华利山和法国巴黎的蒙田大道（Avenue Montaigne）的全新旗舰店于2月也先后开幕。

芬迪品牌档案：

英文名：FENDI

中文名：芬迪

国家：意大利

总部：意大利罗马

创建年代：1925 年

创建人：爱德华多·芬迪（Edoardo Fendi）和阿黛勒·芬迪（Adele Fendi）夫妇

设计师：皮草、女装 – 卡尔·拉格菲尔德

产品系列：奢华手袋、高级女装、香水、眼镜、腕表、家居。

芬迪（Fendi）官方网站 http://www.fendi.com/

在欧洲一线服装品牌中，意大利的范思哲（VERSACE）无疑是一面散发着奢华艳光的鲜亮旗帜，它代表着服装的先锋文化，用强烈的美感诠释着来自意大利南部的浓郁人文情愫，缔造这一品牌对时尚之美孜孜不倦的追求。

范思哲（VERSACE）——大胆的奢华

1946 年12月2日，詹尼·范思哲出生于意大利南部港口城市勒佐卡拉布里亚。母亲是个"土"裁缝，曾经开过一个名为"巴黎时装"的店铺。她是一个聪明的女人，可以不用任何纸样，只需在布上标一些记号便可裁剪成

衣。范思哲的家与母亲的
作坊只有一墙之隔，他们
三兄妹就是在这么一个充
满工作气氛的环境下长大
的。童年的范思哲就喜欢
学做裙装以自娱。回忆往
事，大师曾说："我就是

在妈妈的熏陶下，从小培养出对缝制时装的兴趣。"幼年的他在从事裁缝工作的母亲身边耳濡目染，不断吸取成衣设计的理论和实践技巧，9岁时他就在母亲的帮助下完成了处女作：一款丝绒单肩礼服。1972年他受邀为卢卡的佛罗伦萨花（Florentine Flowers）制衣厂工作，年仅26岁的他开始拓展自己的时尚帝国。1978年3月，范思哲便在米兰德拉永久艺术宫殿（Palazzzo della Permanente Art）博物馆成功地举行了第一次女装发布会。同年9月，又推出了他的第一批男装系列。

范思哲的哥哥圣·范思哲和妹妹多纳泰拉·范思哲一直是他事业上的黄金拍档。哥哥在理财上的细心稳妥和妹妹在公关管理工作中的灵活干练，为公司的长盛不衰作出了卓越的贡献。在激烈的商战中，范思哲经常采用闪电行动来适应市场变化，他能在最短的时间内形成判断、组织、设计和生产销售，曾创下在五周内完成设计制造和运输上市全过程的记录。

范思哲的性感设计

范思哲的设计强调古典宫廷的华丽奢艳元素，线条飘逸流畅，色彩明快亮丽，略带招摇动感却不失矜贵气质，用高贵豪华的面料，在不规则的几何缝剪方式中体现衣料与身段的相得益彰。范思哲的设计风格是别具一格的，有些裸露——"充满性感"，并着重运用明亮、夸张的色彩。他将艺术与时装相融的设计风格曾被《时代》杂志形容为"年轻的暴君"。

作为一名设计师，范思哲更把自己看做是一名裁缝，他清楚地知道如何剪裁及缝制他所设计的每一件衣服。范思哲极其崇拜人体与肌肉的曲线美。他的灵感来源于女性的性感，他对于女性的美有着不倦的好奇和追求。他不受任何羁绊，没有禁忌。他的服装总是贴体而比任何人的用料都少，衣服的领子常开至肚脐，他的紧身衣的缝制使女性的每条曲线都完美展现，开缝间的花边若开若合，从而使身体若隐若现，具有了隐约的撩拨感。他的品牌具有鲜明的个性：强调快乐与性感，汲取古典贵族风格的豪华、奢丽，加之流行文化的直露与大胆、激情与热烈，创造出闪烁于粗俗、奔放与高雅、华丽之间的无限魅力。他所创造的女性形象性感而充满诱惑，毫无顾忌地穿着极短的超短裙，却又不可思议地流露出一种宫廷式的典雅。两种矛盾在范思哲的服装中和谐地并存着，碰撞出激情，并使他的作品充满了内在的张力。范思哲品牌服饰精致，兼有古典气质与流行风范，他的顾客从王室贵族至黑人摇滚乐手，身份迥异。

范思哲最倾心的时装面料是皮革。他喜爱皮革所表现的力量与感性，以及它色调的丰满与质地的丰富。皮革，象征着他心目中佛罗伦萨的辉煌。从范思哲的皮革设计中可以体味到意大利古典文化与现代精神的完美结合。

　　质地柔软却能承载丰富颜色的丝绸也是范思哲喜爱的面料。他设计了完美无缺的丝绸衬衫，柔软而丰盈，与皮裙搭配相得益彰。他在丝绸上随意地描绘着一组组狂放的几何图案，泼洒着意大利南部海岸的

风情及他精妙绝伦的色彩感觉。范思哲善于搭配各种颜色和拼接错综的图案，并使它们幻化成令人不可思议的混合体，有时如动物的皮毛，有时如霓虹般斑斓，有时又如金属般富有色泽，创造出无数华美的意象。

　　此外，范思哲像其他的意大利的设计师一样，将美式的运动休闲装同意大利对豪华高级材质的崇尚结合起来，造就了一种全新的"雅致"概念。他认为，时尚潮流必须愉悦身体与视觉，容不下任何造作。他在意大利式的实用和功能化风格之外，融进了自己的性感和华丽，打上了自己的鲜明标记。范思哲式的性感、风情更明显地表现在休闲类裤子的设计中，宽松的便裤，紧身的锥形裤，护腿和其他裤子，加上范思哲式瑰丽华美的色彩与图案，成为一次又一次流行的源头。

1982年他设计的一系列以"金属网眼"为主体的裙装的发布获得了极大的成功。范思哲又在其事业道路上开辟了新领域，为剧院上演的芭蕾、歌舞剧等设计服饰，并和舞台指导莫里斯·贝雅（Maurice Bejart）开始了密切合作，又继续推出了其品牌的相关副品，如珠宝首饰、家饰品及中国瓷器等。

着着出奇，步步领先

在激烈的市场中，广告的作用绝不可低估。范思哲在广告事业中花尽了心思。首先是与广告业的人士交朋友，尤其是那些摄影师，他们经常是范思哲的座上宾。他通过这些人了解服装业的动态和趋势。其次就是开展宣传活动，调动一切手段宣传自己公司的产品。精美的产品介绍手册是范思哲搞公共活动的强有力的工具，这些手册印制精美，把现代卡通片、美术创作、古典文化和漂亮的模特儿结合在一起，产生出白马王子和无数的白雪公主，赢得了顾客。

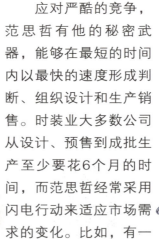

应对严酷的竞争，范思哲有他的秘密武器，能够在最短的时间内以最快的速度形成判断、组织设计和生产销售。时装业大多数公司从设计、预售到成批生产至少要花6个月的时间，而范思哲经常采用闪电行动来适应市场需求的变化。比如，有一种用高技术PVC织物做成的售价200美元的牛仔裤，在范思哲的亲自督促下，用五周的时间完成了设计、制造和运输上市的全过程，创下了服装史上的新纪录。

范思哲设计顶峰的标志是1989年在巴黎推出的阿菲丽尔（Afelier）系列。这是范思哲不满足称霸意大利而毅然决定打入法国高档时装界的第一步。

此举顿时引发了意大利时装进军巴黎的风潮。

品牌也是范思哲最关注的问题。范思哲很早就发现，商品的品牌有异常的力量。范思哲在女装方面的成功使他越来越意识到，要想方设法保证自己的品牌，依靠品牌来获取利润，同时也要适合年轻消费者的购物心理，于是他推出质地并不太讲究，成本较低，但是有明显品牌装饰而周转很快的产品。

　　1994年，范思哲又推出了有范思哲标志的床上用品和家庭器皿。1997年秋季，范思哲还准备开辟一条化妆品生产线，专门生产与范思哲服饰相配套的产品。在意大利的各服装帝国中，在后勤管理方面，范思哲公司占有领先地位。范思哲早就在纽约、伦敦和巴黎这些大城市建立了公司和零售商店，使公司的产品直接与顾客见面而不用通过中间商，这样就把设计、制造和零售有机地结合在一起。美国《商业周刊》认为，"范思哲在时装市场的激烈竞争中几乎每一步都占据了优势，在零售方面优势更强"。

善打名人牌的高手

范思哲是戴安娜所青睐的众多时装设计师中一个可称之为朋友的人。英国式的设计过于保守和严谨，虽然能很好地衬托出戴安娜的大家风范，但也不可避免地淡化了戴安娜的个性。范思哲为戴安娜设计的晚装则不同，戴妃的活力和热情呼之欲出。范思哲给戴安娜设计过一套蓝色单肩晚装，选用的是很娇艳的蓝色绸缎，身着晚装的戴安娜像夏日阳光下一泓流动的海水。裸露单肩的设计，有一种装饰味很深的建筑美。

在西方国家，演艺界的名人是范思哲注目的对象，一旦这些名人穿上范思哲的服装参加奥斯卡的颁奖典礼，电视台把各位大明星的形象向全世界一转播，范思哲的作品自然而然就传向了全世界。

范思哲晚礼服

　　1998年，泽塔琼斯穿着一身紧致修身的红色范思哲长裙出现在奥斯卡颁奖礼上，立时谋杀了记者们手中的无数菲林，成为当晚的最佳着装人士。范思哲为其精心设计服装的另一位巨星便是史泰龙。史泰龙长得结结实实，肩宽体壮，但是按照

美国人的标准体形来衡量，史泰龙就显得有点身材不够尺寸，双肩宽度过大。范思哲在1991年2月和10月先后为史泰龙精心设计了两套服装，一套深蓝色的西装加上牙白色的衬衣，把两肩过大的缺陷掩饰下去了，使史泰龙的身材顿时挺拔了许多，至今范思哲为史泰龙设计的这套西装仍被美国演艺界和时装界所推崇。90年代初，麦当娜为范思哲拍的一系列宣传照成为经典之作，她的野性与范思哲的明艳被称为天衣无缝的组合。

范思哲在与名人交际方面保持了不忘旧和不嫌弃一时失意的风格。咬掉霍利菲尔德一块耳朵并吐到拳击台上的"拳王"泰森对服装大师范思哲早就尊崇备至，在泰森犯法被关进班房之后，泰森很想念范思哲设计的短裤，范思哲闻讯后特意给他送去了一些服装，这使泰森感激涕零。泰森出狱之后重登拳坛，当他连战得胜时，泰森的短裤也变成了美国青少年的爱物。这使范思哲短裤的销售量大幅度上扬。

名模是无价宝

巧用模特儿是范思哲时装艺术的一种创作手法。范思哲把世界上那些个子最高、脸蛋儿最漂亮的女模特儿都搜罗在他的旗下，经过适当的培养，让这些模特儿发挥出无穷潜力。模特儿在范思哲的时装走向世界方面发挥了极其重要的作用，同时她们也随着范思哲的时装走向了世界。

范思哲认为最能体现他心中女性所具有的诱惑美的模特儿是凯特·莫斯。他认为她是真正"永恒的女性"。凯特·莫斯瘦小、单薄，在天台上有弱不禁风、让人爱怜之感。她的肤色永远苍白，眼神永远有让人捕捉不到的迷离。

VERSACE

她的美，体现在每一根神经都充满渴望。她穿上衣服不是为了掩饰什么，而是表达。穿着一袭深绿、果绿、草绿、淡绿色系的，上面缀满银色饰物无袖紧身拖地长袍的凯特·莫斯，是范思哲设计风格最精确的诠释。

中国国内一线手模女皇猫柯希，是专业词曲制作人、国王之像乐队的另类女主唱，在广告中展示了白色范思哲天然钻石女表。该表款成熟冷静、典雅中性，全LOGO天然钻石搭配大方的白色LOGO宽表带，在各大奢侈品论坛深受好评！

一颗巨星陨落

1997年7月15日清晨，当代时装界最出色的艺术家、意大利籍著名时装设计师詹尼·范思哲在他迈阿密海滩的别墅门前遭枪击身亡，仅年51岁。范思哲被誉为时装界的"恺撒大帝"。他以其生机勃勃、极具个性色彩和创意精神的设计，风暴一般席卷了90年代的时装界。范思哲是世界上最伟大的设计师之一，与其称其为设计师，不如称其为艺术家。他的爱好众多，从摇滚乐到芭蕾舞，直至收集古董。这些年来，他以独特的风格，大胆色彩的运用及巴洛克式的怪形镀金"美杜莎"（Medusa——"蛇发魔女"）的金色头像风靡全球。

他生前在全世界各大城市开设了200多家专卖店，零售网点3000余个，1996年全球营业额近46亿元人民币。之后，他的亲妹妹，也是他多年作为"灵感缪思"的多纳泰拉·范思哲（Donatella Versace）接管了她所至爱的哥哥的事业，作为范思哲的首席设计师，将范思哲的设计生命延续下去。

多纳泰拉·范思哲

多纳泰拉·范思哲身兼创作总监及董事会副总裁，更一手将范思哲独有的形象升华，使它成为21世纪最耀目的时尚标志之一。

多纳泰拉·范思哲出生于意大利南部勒佐卡拉布里亚（Reggio Calabria），与两位兄长一起成长。她毕业于佛罗伦萨大学，主修语言系，学成后协助哥哥范思哲管理广告计划。对范思哲塑造独特的视觉形象居功至伟。其后，多纳泰拉开始设计配饰，1993年还创造了儿童（Versace Young）系列。1994年，她出任范思哲的首席设计师，该品牌以紧贴潮流的年轻人为对象。

多纳泰拉成为范思哲掌舵人后屡获奖项殊荣，更将她的个人风格融入这个以"美杜莎"（Medusa）作标志的卓越品牌，与此同时策划多元化发展，涉猎时装以外的业务领域。2000年，范思哲在澳大利亚黄金海岸开设六星级度假酒店，成为首间由高级品牌开设的酒店项目。这个六星级的度假村位于澳洲黄金海岸，令游客可以透过范思哲生活品位感觉最优质的高级生活享受。开创全球奢侈品牌公司发展酒店项目的先河。

2006年7月，范思哲推出外观设计计划（Versace Design），为顾客设计独一无二的私人飞机机舱。2007年，范思哲与阿古斯塔（Agusta）开展合作，联手设计私人直升机及机舱内饰。

范思哲品牌档案：

中文名：范思哲

英文名：Versace

国家：意大利

创建年代：1978年

创建人：詹尼·范思哲（Gianni Versace）

现任女装设计师：多纳泰拉·范思哲（Donatella Versace）

现任男装设计师：马丁·包勒（Martyn Bal）

产品系列：女装系列、男装系列、男士手表、女士手表、香水、眼镜、丝巾、领带、内衣、包袋、皮件、床单、台布、瓷器、玻璃器皿、羽绒制品、家具产品等。

范思哲（Versace）官方网站：http://www.versace.com/

　　尽管时装牌子令人眼花缭乱，古琦（GUCCI）的风格却一向被商界人士垂青。古琦品牌时装一向以高档、豪华、性感而闻名于世，以"身份与财富之象征"品牌形象成为富有的上流社会的消费宠儿。

古琦(GUCCI)——身份与财富之象征

　　尽管时装牌子令人眼花缭乱，古琦（GUCCI）的风格却一向被商界人士垂青，时尚之余不失高雅，这个意大利牌子的服饰一直以简单设计为主，尤其是男装，剪裁新颖，弥漫着18世纪威尼斯风情，再融入牛仔、太空和摇滚巨星的色彩，让豪迈中带点不羁，散发无穷魅力。 创始人古琦欧·古琦（Guccio Gucci）于1923年创立古琦，位于佛罗伦萨的古琦集团是当今意

大利最大的时装集团。古琦除时装外也经营皮包、皮鞋、手表、家饰品、宠物用品、丝巾、领带、香水等。 古琦品牌时装一向以高档、豪华、性感而闻名于世，以"身份与财富之象征"品牌形象成为富有的上流社会的消费宠儿。从20世纪40年代末到60年代，古琦接连推出了带竹节的皮包、镶金属袢的软鞋、印花丝巾等一系列的经典设计，其产品的独特设计和优良材料，成为典雅和奢华的象征，为杰奎琳·肯尼迪（Jackie Kennedy）、索菲亚·罗兰及温莎公爵夫人等淑女名流所推崇。 古琦商标以绿红绿、蓝红蓝两种颜色组合为主，来区别天然皮革和染色皮革制品。与此同时，公司还以创办人"Guccio Gucci"名字首写字母GG标志作饰品底纹，同时将优质棉纱称作GG布，用于制造手袋、饰品及衣物。

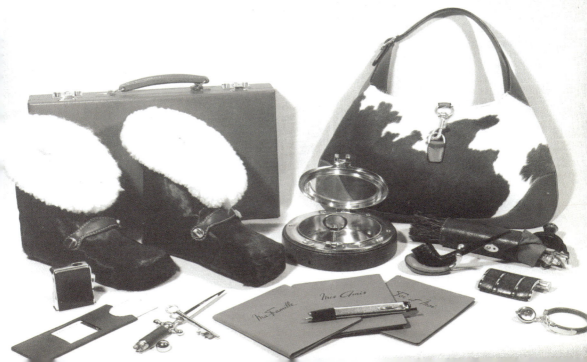

古琦创造意大利传奇

　　1898年，年轻的古琦欧·古琦怀抱着梦想来到英国伦敦，并在斯沃酒店谋得一职。虽然那不是他最满意的工作，但他却因此而了解了当时上流社会人们的喜好。几年后，古琦回到意大利佛罗伦萨，并在那里开了一家专门卖行李配件和马具的小店，当时印在商品上的Logo就是古琦最早的雏形。1937年，古琦在亚诺河畔开了更大的店铺，这家商店就是今天古琦这个品牌的原型，并首次推出系着马匹的马术链，以表达对20世纪初意大利马术时代的一个缅怀，从此让其大受欢迎。至今，古琦镶有马

术链的麂皮休闲鞋仍是制鞋史上的一个典范，就连美国大都会博物馆都收藏一双。1938年，随着业务的扩展，古琦在罗马有名望的康多提大道（Via Condotti）开设新店，由于当时意大利处于法西斯统治下，生产原料十分匮乏，独具慧眼的古琦欧·古琦就开始运用麻纤维、亚麻、黄麻和竹等材料，并使之成为古琦最具独特个性的风格。1947年，古琦推出第一款竹节手提包，它的设计灵感来源于马鞍的侧面，一经推出就获得包括希腊皇后在内众多名人的青睐，著名导演安东尼奥尼更是在其拍摄的影片中多次使用古琦的这一款竹节手提包。至今，竹节手提包仍是古琦最有代表性的款式之一。

1939年，古琦的儿子奥尔多（Aldo）、瓦斯科（Vasco）和乌戈（Ugo）相继加入公司，这家个人经营的商店因此而转变为家族经营。1950年，公司正式设定了自己的商标，从此，由马具肚带起家的古琦成为欧洲著名的品牌公司。后来古琦的另一个儿子鲁道夫（Rodolfo）也于1951年加入公司，他在米兰开设商店，并于1953年在曼哈顿第58街开设新店，开始在美国销售古琦这一意大利著名品牌的产品。20世纪50年代是古琦最声名显赫的时代。以绿红绿、蓝红蓝两种颜色组合为主的标志，以及源于马鞍带镶金属制的一系列设计，让古琦获得极高的评价。

1953年，古琦欧·古琦逝世的消息让很多人陷入了悲伤之中，但让大家觉得庆幸的是，古琦欧·古琦的离去并没有让古琦停滞不前，相反，古琦前进的步伐进一步加大了。20世纪60年代，古琦相继在伦敦、巴黎以及世界其他最繁华的都市都开设了新店。这段时期，原为固定马鞍用的直条纹帆布饰带被古琦应用在配件装饰，并注册成古琦的商标；古琦最著名的双G花纹也是这个时期设计出来。

掌门更迭　风采依旧

自曼哈顿商店1953年落成以来，20多年里，古琦相继在伦敦、棕榈海滩、巴黎及世界其他繁华的都市开设了新店，并屡获成功。1972年和1974年，古琦东京店和香港店分别开业，标志着古琦开始进军远东市场。成功除了带给古琦家族名与利外，各种问题也接踵而至，七八十年代期间，外有充斥市面的冒牌货，内部则有公司本

身的财务问题与家族成员间的夙怨。鲁道夫之子毛里齐奥（Maurizio）拥有古琦的50%股份，并于1989年被股东推选为总裁；其余50%的股份则被巴林的投资公司因维斯特克诺（Investcorp）买下。当上总裁后，毛里齐奥请来多恩·梅洛（Dawn Mello）担任副总裁兼创意总监，期间，他们共同缩减古琦库存的一万种产品，并更新某些经典产品，例如为鞋头有马衔饰物的古琦

便鞋改头换面，选用新色彩并变更鞋子的比例，此鞋款于1993年再度推出后马上售罄，而新版本的竹节皮包是另一款极受欢迎的旧瓶新装产品。1994年，汤姆·福特（Tom Ford）被指定为古琦系列产品的创作总监。汤姆·福特出生于得克萨斯州，童年移居纽约。他曾在著名的纽约大学学艺术史，后来改攻建筑学，并在巴黎接受教育，受现代、传统与创新风格影响。他的加入，使古琦像"回春"般获得新生命，也标志着古琦的东山再起。古琦最辉煌的时期可说是由汤姆·福特于1994年开始担任创作总监的日子。当时，汤姆·福特

被形容为当代最才华横溢的时装设计师，在时装界呼风唤雨，享有很高的名望及权力。他也改写了古琦在20世纪80年代，因授权多个小企业生产而导致产品质量下降的负面形象，扭转了古琦濒临破产的困局，令品牌

一跃成为90年代举足轻重的时尚品牌。汤姆·福特选择的科技布料及其设计，领导了时装界对布料的要求和新方向。他担任总监期间曾多次引领潮流，令古琦与时尚画上等号。如1995年古琦秋冬时装表演，名模凯特·莫斯在天桥上以一身天鹅绒低腰裤及丝恤衫，配粗黑眼线的全新装扮，成为许多明星名人模仿的对象。

古琦的扩大

1997年，世界最大的手表制造和销售集团塞弗林·蒙特斯（Severin Montres）加盟古琦，在美国、加拿大、德国、法国等国和中国香港地区创建了巨大而直接的销售网络。鉴于古琦的辉煌业绩，1998年，在4000余家公司竞争中，古琦被推选为欧洲的杰出公司。翌年7月，古琦又取得了圣罗兰女装和赛诺菲·秀丽（Sanofi Beaut）香水化妆品公司的经营权，同时还取得意大利皮鞋品牌赛乔·罗西（Sergio Rossi）公司70%的控股权。今天，从服装到化妆品、从手袋到皮鞋，古琦这一品牌已融入都市时尚，成为俊男靓女喜爱的品牌之一。

汤姆·福特于2004年宣布离职的时候，消息轰动了整个时装界，当时曾有人认为古琦皇朝从此结束。但古琦晋升马克·李为CEO，邀请弗丽达·贾尼尼（Frida Giannini）负责女装及配饰设计，而男装则邀请了约翰·雷（John Ray）操刀。弗丽达·贾尼尼和约翰·雷接任后，新一季由他们负责的作品备受外界赞赏。虽然古琦的发展道路历经波折，但自从进入90年代中，它的发展速度却煞是惊人。

古琦——竹节

古琦品牌的经典之作竹节手袋诞生于半个世纪之前。古琦工匠们在1947年制作出了这款线条严谨、手工精细的小号手袋。包包上的竹节原料产自日本，加热后拗曲成半圆形，缀于粒面猪皮皮革袋身上作为手挽，这一崭新设计颇具创意。于是，在50—60年代，竹节手袋成为众多明星名模的至爱。

古琦首饰—— 辉煌的历史及价值

由古琦欧·古琦创建的古琦品牌历久弥新，传承了独特的时尚风格，在全球产生广泛的影响力。当古琦品牌的成衣和皮具在全球赢得持续成功后，古琦在1970年推出瑞士制造腕表产品；1997年，古琦的意大利制造纯银首饰系列上市；1999年，推出18K金制作的精美首饰系列问世。

随着古琦首饰知名度的不断提高及成功，古琦开始在全球主要城市开设首饰专营店：2002年，罗马康多提；2003年，佛罗伦萨托纳波尼大道（Via Tornabuoni）；2005年，贝弗利山罗迪欧大道（Rodeo Drive）；2008年，纽约第五大道。同时，大部分古琦专卖店里都开辟首饰区。

古琦首饰与品牌长期以来所形成的特征与鲜明的各种标志相呼应，在古琦创意总监弗丽达·贾尼尼（Frida Giannini）的支持下，首饰设计以其独有的意大利式优雅风格和魅力，为品牌提供高贵的衍生产品。

古琦首饰系列涵盖戒指、手链、耳环、袖扣、项链和吊坠等全套产品，采用18K黄金、白金或玫瑰金，部分使用钻石，或彩色宝石如红宝石、蓝宝石，以及采用标准纯银，以诠释出更都市化的设计。精

GUCC

美首饰系列还包含订婚戒指和结婚对戒。

　　所有古琦首饰均由工艺精湛的意大利金饰工匠手工制作，高端首饰系列更是无懈可击的制作工艺的精粹。

　　现在，古琦精美首饰已

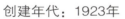

配送至所有古琦旗舰店和全球古琦直营网络中的大部分商店，乃至全球精选的授权首饰商网络，以增强并巩固该品牌在奢侈品行业的领先地位。

古琦品牌档案：

　　中文名：古琦，曾用"古驰"做中文名。也有译为"古琦""古姿"。

　　英文名：Gucci

　　国家：意大利

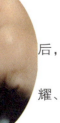

　　创建年代：1923年

　　创建人：古琦欧·古琦

　　设计师：自汤姆·福特离去之后，弗丽达·贾尼尼，一直至今。

　　设计风格：奢华、性感、夸耀、带一丝丝摇滚味道。

　　产品系列：香水、手表、包包、眼镜、男装、女装。

　　古琦（Gucci）官方网站：http://www.古琦.com/

dream

dream

incanto
Salvatore Ferragamo

Salvatore Ferragamo

菲拉格慕
（Ferragamo）一
个你不能不知道的
品牌。它的鞋子曾
经被评选为"25件
女人一生应该拥有
的奢侈品"。

菲拉格慕（SALVATORE FERRAGAMO）
——不朽的传奇

　　1898年，萨尔瓦多·菲拉格慕出生于意大利的保尼通（Bonito），在14个兄弟姊妹中，排行11。由于家庭环境贫困，早年就开始当造鞋学徒帮忙添补家计。在当时的意大利南部，鞋匠被视为最卑微的工作之一，但菲拉格慕却充满理想，要把这个被人轻视的工艺发扬光大，于是在9岁时就立志要创制出结合美观和实用的完美鞋子。13岁，他已拥有了自己的店铺，制造出第一双量身定做的女装鞋，从此开始缔造他时尚王国的第一步。

1914年，菲拉格慕来到
美国，先和兄弟姊妹们一起
开了一家补鞋店，继而又到
了加州，当时正值加州电影
业急速发展，菲拉格慕从此
和电影结下了不解之缘，被
誉为电影巨星的专用鞋匠，
例如他设计的罗马式凉鞋便
在多部电影中出现过，包括
塞西尔·B. 戴米尔（Cecil
B. DeMille）的经典之作《十
诫》。20世纪40年代后期及50

Salvatore Ferragamo

年代，意大利时装迅速发展，工厂的生产量每天高达350双鞋，多位影视名人，如格丽泰·嘉宝、奥黛丽·赫本、玛莉莲·梦露、温莎公爵等名人也常到他那里定制鞋子。他们都对菲拉格慕设计的鞋子趋之若鹜，甚至有传言说格丽泰·嘉宝曾一次订购70双他设计的鞋子。

　　由于许多明星在银幕下开始穿着菲拉格慕的产品，于是订单大增，但菲拉格慕并未满足，他继续试图找出制造永远合脚的鞋的秘诀，甚至为此在大学修读人体解剖学，同时旁听化学工程和数学课程，发掘护理皮肤及使用不同物料的新知识和新方法。菲拉格慕制造的鞋子耐穿，着重自然平衡，而皮鞋最终必须以手工制成。

　　1923年，菲拉格慕在好莱坞开设"Hollywood Boot Shop"，好莱坞鞋店与不少有名的电影公司合作，令萨尔瓦多·菲拉格慕的名字更广为人知。1927年，眼见意大利缺乏资深的鞋匠，于是菲拉格慕决定返回故乡，并在佛罗伦萨开设了他的店铺，员工多达60人，在当时称得上是第一位大量生产手工鞋的人。然而，1929年华尔街股灾

之后，菲拉格慕的鞋店大受影响，于1933年宣布破产，迫于无奈之下，唯有集中于发展家乡市场。由于战争关系，皮革受到限制，但这反而助长了菲拉格慕的设计理念，他利用编染椰叶纤维和赛璐玢两种质料制造鞋面，鞋底则是用木和水松制成高跟松糕鞋和凹陷型鞋跟，并绘画或刻上颜色鲜

艳的几何图案，或镶嵌上金色玻璃的装饰。菲拉格慕在1936年设计出凹陷、漂亮的水松木鞋跟，是因为当年在铁片的短缺下，他不能继续用铁片加入鞋的拱位处。其实，这些鞋跟并不是什么新颖的概念，却因玛丽莲·梦露而名声大噪的镀金属幼细高跟鞋、18K金凉鞋、F形鞋跟及鞋面以尼龙线穿成的网形凉鞋，在第二次世界大战时，深得女性的欢心。

1947年，菲拉格慕以其透明

玻璃鞋被誉为"时装界奥斯卡"，成为第一个获得这个奖项的制鞋设计师；他得奖的作品设计细致，鞋跟处凹陷成F形，并铺上金色羊皮，鞋面则有透明的尼龙线。1948年菲拉格慕继续带领潮流，极细而尖的高跟鞋成为华丽的脚上时装，创出另一新时尚。菲拉格慕在1957年出版了自传《梦想的鞋匠》（*The Shoemaker of Dreams*），在那时他已创作超过20000种设计和注

册350项专利权。

对工艺精益求精

　　萨尔瓦多·菲拉格慕的造鞋方法可算独树一帜：首先他替客人量度出脚掌的尺码，然后把鞋刻在一块木砖上。尽管在需求不断增长的情况下，菲拉格慕被迫把生意扩充，但他仍然拒绝利用机器造鞋，于是他想出手工生产线的解决方法，即每个工作

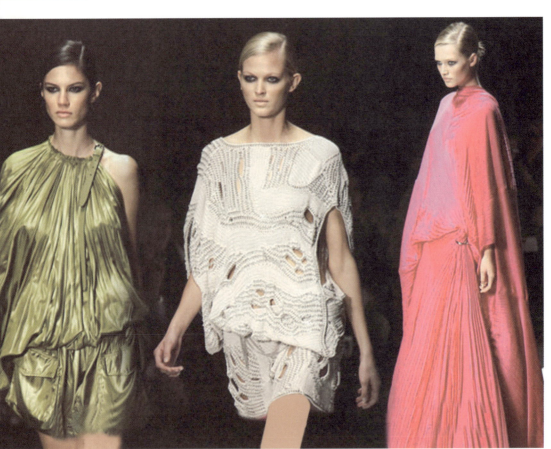

人员在造鞋的过程中专门负责某部分，这样，他在业务扩充的同时仍不需依赖机械。菲拉格慕的成功在于其对产品质量的坚持，即使在生产过程机械化的今天，产品全数采用手工缝制，而且每名技术人员只负责一个工序，令每个工序更完美。

　　菲拉格慕，是皮鞋、皮革制品、配件、服装和香氛的世界顶级的设计者之一。创造力、激情和韧性是菲拉格慕家族恒久不变的价值观，并代代相

传。因为菲拉格慕异常关注质量和细节，他赢得了"明星御用皮鞋匠"的称号。

1960年，菲拉格慕与世长辞。其妻蔓达·菲格拉慕（Wanda Ferragamo）与6名子女接手生意。菲拉格慕在他的时代圆了为王孙贵族、绅士淑女制鞋的梦。用意大利的传统工艺加上现代科技使工艺更上一层台阶。菲拉格慕及其儿女成功建立的时装王国实践了"装饰男女，从脚到头"的座右铭。

菲拉格慕 —— 经久不衰的演绎

菲拉格慕去世后，菲拉格慕品牌自此由他的遗孀和子女共同拥有、掌管。业务扩展至男女时装、手袋、丝巾、领带、香水系列等，

发展成一家"从头到脚的品牌"（brand
From Head To Foot）。其后，菲拉格
慕更发展成一个时装集团，在1996年
取得法国时装品牌伊曼纽尔·温加罗
（Emanuel Ungaro）的控制权，1997年

又与宝格丽（Bvlgari）合作经营企业，发
展香薰与化妆品。1998年，菲拉格慕更与
卢森提卡眼镜公司（Luxottica）合作，推
出眼镜系列，令菲拉格慕业务更多元化。
菲拉格慕的产品已遍布世界每个角落，菲
拉格慕本人也成为意大利时装名家，以结
合传统手工技术和创新设计誉满全球。

　　2002年，前阿玛尼年轻设计师格雷

米·布莱克（Graeme
Black）加入了菲拉
格慕，令菲拉格慕的
时装系列趋向年轻时
尚，一改品牌风格，
为经典的菲拉格慕注
入年轻活力，带来一
个新开始。如2006年
春夏系列则以海洋为
题材，新装色调及设
计均由轻松愉快感觉

出发，营造了清新感觉的意境。

　　由在美国设计电影所用的鞋履开始，菲拉格慕的名字与电影圈结下不解之缘。菲拉格慕热衷于为世界各地的明星制作鞋履。从玛丽莲·梦露，到为第一位亚洲女星章子怡及男星梁朝伟度身设计鞋款，菲拉格慕的名字一直长流不息，并且往往带领潮流把企业扩展至其他地区，如于90年代韩国经济最低迷的时候，进入了韩国市场；1994年中国大陆才刚开放，便进入中国；而1997年亚洲金融风暴时，更大胆进驻马来西亚。其实，菲拉格慕一直为鞋业发展及推广不遗余力。菲拉格慕不仅希望把他对制鞋的知识与经验传承给他

的家族及企业，更希望可以给世界分享他对鞋子的热忱。

　　自1927年成立，菲拉格慕穿越100年历史，期间虽然经历了全球经济大衰退、第二次世界大战，但是依然屹立不倒，并于今时今日成为一个历久不衰的经典时装品牌代表。近30年来，菲拉格慕已经从高贵的鞋业巨头，变成了一个可

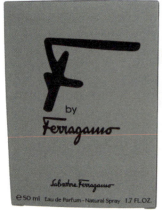

以包装全身的奢侈品牌。从制鞋开始，菲拉格慕的产品线不断扩大，今天已发展出男装与女装两个完整系列，产品包括女装的丝巾与男装的领带，并有皮革制件、珠宝、香水、眼镜等配饰。如今已经成为硕果

仅存、让世界有名望的人均心灵颤动的老牌子，引起无数时尚人士拥趸。这，就是菲拉格慕品牌继承人格拉瓦娜对自己家族产业的评价。

菲格拉慕品牌档案：

国家：意大利

创建年代：1927年

创始人：萨尔瓦多·菲拉格慕

设计师：菲拉格慕

设计风格：华贵典雅，实用性和款式并重，以传统手工设计和款式新颖誉满全球。

产品类别：鞋、高级成衣、包袋、皮具、丝巾、香水、眼镜和饰品等。

菲拉格慕（Ferragamo）官方网址：http://www.ferragamo.com/

从1913年，到今天的2011年，近百年的历史让普拉达（PRADA）的名字荣居国际时尚舞台的巅峰。充满传奇的百年发展，向世人展示了无数惊艳与张狂，同时更是极具表现。只为时尚，只为潮流，普拉达缔造百年传奇的服装国度。

普拉达（PRADA）——缔造百年传奇

　　普拉达的历史，要从遥远的1913年说起。1913年，马里奥·普拉达创办了最初专门产销各类皮具的公司。当时普拉达的主要产品包括手袋、旅行箱、化妆箱及其他皮革用品。所有经营的产品均由普拉达精心设计，选料极其讲究，而且手工十分精湛，得到了来自皇室和上流社会的宠爱和追捧，普拉达也因此越来越闻名遐迩。

1978年，这个历史悠久的著名品牌被赋予了新的发展元素与活力。马里奥·普拉达的孙女缪西娅（Miuccia）与当时具有丰富奢华品生产经验的帕特里齐奥·贝尔特利（Patrizio Bertelli）建立了商业合作伙伴关系。缪西娅担任普拉达的总设计师，通过她天赋的时尚才华不断地演绎

着挑战与创新的传奇，而帕特里齐奥·贝尔特利，一位充满创造力的企业家，不仅建立了普拉达全世界范围的产品分销渠道以及批量生产系统，同时他还巧妙地将普拉达传统的品牌理念和现代先进技术化的工艺进行了完美结合。金童玉女的完美组合，让普拉达在国际奢侈品舞台上大放异彩。

历经20多年的努力与奋斗，这个历史悠久的品牌不断地发展与演变。1982年，普拉达首次推出了女鞋系列；1988年建立了女装系列；1993年，男装成衣与男鞋系列也被相继推出，同年还推出缪缪（Miu Miu）女装系列；1997年，推出普

拉达运动系列；2000年，普拉达推出了美容系列，包括皮肤和眼部护理产品。通过缪西娅与帕特里齐奥的默契合作，普拉达从一个小型的家族企业发展成为世界顶级的奢华品牌。

为普拉达而生——缪西娅·普拉达

缪西娅·普拉达，不仅是世界顶级奢华品牌普拉达的继承人，还是首屈一指的时装设计师。她于1978年开

始担任普拉达的设计师，1989年举办了她的首次女装发布，一经推出立刻就引起了轰动。之后，缪西娅·普拉达所设计的男装、女装以及缪缪系列每年的两次发

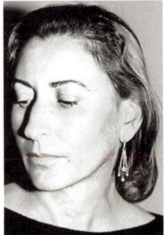

布，已成了全球时尚人士"不容错过"的盛事。

　　缪西娅每一系列的设计均行走在流行的最前沿。对她来说，设计是个不断尝试和创新的过程，需要有不妥协的探索和实验精神。从这个过程诞生了一系列真正创新和令人印象深刻的设计元素，这些最终成为时尚界的当代"经典"。缪西娅说："或许我有种总想尝试不可能事物的个性。当我发现有些事是

不可实现时，那恰恰就是我要努力的方向。我总是试图把对立的、不和谐的事物融合在一起。并且，通常我会同时对六七个不同的概念感兴趣，并试图把它们和谐地表现出来。"

"我们所设计和生产的基本上是当前市场上没有的东西，所以，每一个系列的问世，都经过通透的钻研和考察。选用的可能是现代技术，也可能是古老工艺。例如，当我们决定用金箔的时候，我们就要求法国古老的作坊重新采用他们已经停止使用的原始制作方法。"因此，普拉达的每个系列都充满

了令人兴奋和意外的元素，而这些只是证明了缪西娅无穷尽的想象力和创造力。她说："我从来不会迷失，面对纷繁变幻，总是相当理智和清醒。我从来就没有害怕过任何变化。"这就是缪西娅，一个缔造传奇的非凡才女，她为普拉达而生。

PRADA 2010

PRADA

用艺术诠释普拉达

提及普拉达的品牌历史，不得不说说各具风格的普拉达建筑。普拉达自1999年起就开始将注意力投向前卫创新的建筑设计，并与世界知名的建筑师合作，致力于将崭新的购物文化融入现代的时尚生活之中。普拉达力求给所有的顾客一种全新的购物体验，世界各

地每一间普拉达旗舰店都各具特色，由不同的国际级大师操刀设计，给人完全不同的感受。置身其中，仿佛游走于风格不同的艺术国度。普拉达用建筑诠释了一种全新的艺术，不止于服装，更是一种文化的衍生。

赫尔佐格（Herzog）和德默隆（de Meuron）缘自东京的诱惑

令人耳目一新的建筑设计，从不同的角度欣赏能看到不同的面貌：或是亮丽剔透的水晶，或是古典优雅的鞍形屋顶，为东京市内平添了一抹浓烈的艺术色彩。

意大利顶级奢华品牌普拉达位于东京的旗舰店外型新颖别致、极

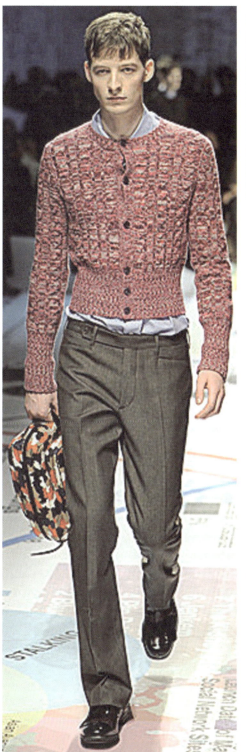

为醒目而独特，由举世闻名的建筑大师
赫尔佐格和德默隆负责设计，而他们也
是2008年北京奥运会体育场馆的设计师
之一。高达6层的玻璃体大楼，设计理
念源自于剔透的水晶。外墙设计颇具革
命性，由数以百计的菱形玻璃框格构成
极具现代感的幕墙。人们既可从店外透
视店内陈列的普拉达服饰产品，也可从
店内欣赏店外的景致，成为东京著名的
新时尚景观。

纽约百老汇的诉说

2000年，普拉达于纽约SOHO区百老汇街575号开设了首间中心（Epicenter）旗舰店，它连接着百老汇和马萨（Mercer）街区，通过外界台阶的起伏变化，奢华品牌的精品店与纽约市中心繁华的街道相映成趣。其中镶花地板可以进行折叠，从而可以作为各种活动的平台。相对的楼梯可以成为产品的陈列台或坐席。这一区域已经被多次用于公众活动。店内空间放置着多种风格的展示背板，它们与连接到天花板的壁纸与巨型笼式支撑物融合一体，通过定时的更新，展现独特的变化魅力与视觉对比。

普拉达翻转（Transformer）艺术国度

普拉达翻转建筑于2009年4月底在韩国首尔隆重登场，这个可翻转的建筑将迎来多个跨界项目，为韩国带来独特的艺术冲击。

翻转建筑为一个四面体建筑：六边形，十字交叉，长方形，圆形，这四个面搭建起了一个空间。整个建筑将用光滑而有弹性的膜包裹，然后使用起重机将其定期翻转，每个项目都会为参观者带来全新的体验。每一面都经过精确设计设计为不同的艺术活动空间，创造出四种迥异的风格。当其中一面变成地面，其余三面就构成了墙面和天花板，从而搭建起了一个空间，同时使人回味之前曾经在此举办的活动或期盼即将到来的惊喜。"腰部裙装展"是缪西娅与OMA的创意智囊团合作的项目，于4月25日在韩国登场，展示普拉达品牌自第一季成衣系列以来至今的经典裙装。"腰部裙装展"之后，变压器建筑物将被整体吊起并翻转成为一个电影放映空间，放映曾执导过获多项奥斯卡奖提名的影片《巴别塔》（Babel）的亚里桑德罗·冈萨雷斯·伊纳里图（Alejandro González l'árritu）导演精心挑选的一系列影片。影展活动之后，变压器建筑物将再次被整体吊起并翻转成为一个艺术展览空间。

普拉达品牌档案：

国家：意大利

创始人：马里奥·普拉达

设计师：马里奥·普拉达；缪西娅·普拉达

产品类别：男装、女装、手袋、皮具、鞋履。

普拉达（Prada）官网：http://www.prada.com

导语：如果你不知道穿什么，那么就穿阿玛尼。世界的时尚舞台，假若少了他便称不上完美，因为他正是那个凭借对时尚的独特视角与真知灼见为世界定义完美的人。他便是 GIORGIO ARMANI（乔治·阿玛尼）。

阿玛尼（GIORGIO ARMANI）
——超越时空的优雅

　　1934年7月11日，乔治·阿玛尼出生在米兰附近一座名叫皮亚琴察的小镇上。少年时的阿玛尼在当地公共学校读书期间，狂热地迷上了戏剧和电影。但为了顺从家人意愿，他只得放弃爱好，被迫进入米兰大学医学院。不过，由于晕血，他在医学院学习两年后还是中断了学业。

1957年，阿玛尼进入了意大利著名精品百货连锁店拉瑞那斯堪特（La Rinascente）工作。他在这家百货公司当过一阵助理摄影师，后来进入了公司的设计室。那段时间，他从印度、日本和美国购买优质产品，并通过举办展览，将外国文化介绍给意大利消费者，从此开始了他对流行时尚的接触。

1964年，从未受过正规培训的阿玛尼，为有"意大利时装之父"称号的尼诺·切瑞蒂设计了一个男装

系列。在好友塞尔焦·加莱奥蒂的鼓励下，1970年，阿玛尼成为一名自由时装设计师和时装顾问。在意大利时装界，阿玛尼开始崭露头角，同年与建筑师塞尔焦·加莱奥蒂合办公司。1973—1974年，他在佛罗伦萨比蒂宫白厅举行的意大利时装会上推出的飞行员夹克大获好评，人们称他是"夹克衫之王"。

1975年，阿玛尼和加莱奥蒂创办了自己的公司——乔治·阿玛尼有限公司，并确立了阿玛尼商标，"乔治·阿玛尼"品牌正式诞生。当年7月，阿玛尼推出无线条无结构的男式夹克，在时装界掀起了一场革命。他的设计轻松自然，在看似不经意的剪裁下隐约凸显人体的美感。既扬弃了20世纪60年代紧束男性身躯的乏味套装，也不同于当时流行的嬉皮风格。三个月后，阿玛尼推出了一款松散的女式夹克，采用传统男装的布料，与男夹克一样简单柔软，并透露着些许男性威严。此后，阿玛尼与法国时装大师保罗·波列和可可·香奈尔一样，对女装款式进行了前所未有的大胆颠覆，从而使阿玛尼时装

成为高级职业女性的最爱。

1980年，剪裁精巧的阿玛尼男女"权力套装"（power suit）问世，"权力套装"成为国际经济繁荣时代的一个象征。这种设计的灵感来自于

黄金时期的好莱坞，特点是宽肩和大翻领。当年，李察·基尔在《美国舞男》中，身着全套阿玛尼"权力套装"亮相。这部影片大获成功，阿玛尼品牌由此给许多观众留下了深刻印象。此后，阿玛尼开始了与影视明星的长期合作，甚至设计了大量戏剧和舞蹈服装。1982年，阿玛尼成为自40年代克里斯汀·迪奥以来，第一个荣登《时代》杂志封面的时装设计师。他经常约请好莱坞明星穿着自己的品牌服装出席奥斯卡颁奖礼，米歇尔·法伊弗和朱迪·福斯特等一大批名流都是他的忠实客户。

在这个飞奔的年代，一切观点论调与表达形式都在加速折旧，当日时尚，转眼便是明日黄花，只有设计，能经历时间的考验。阿玛尼对于完美风格的极致追求，使得他每一件在创作当时全然属于创新的设计，都在岁月的沉淀中整整跨越了时间，并在今日成为经典！世界的时尚舞台，假若少了他便称不上完美，因为他正是那个凭借对时尚的独特视角与真知灼见为世界定义完美的人。

"生活就是一部电影，而演员们穿着我设计的衣服"

在好莱坞，每个人都知道"如果你不知道穿什么，那么就穿阿玛尼"，阿玛尼用他那种近乎神赐的狂热执著，近乎严苛的挑剔审视他的每一件产品，以保证所有的细节都完美无缺。也正是如此，每当红毯秀开演之前，明星们的房里总是堆满了其他设计师奉上的作品，希望能够借着明星的光华扶摇直上，可是这其中一定不会有阿玛尼的影子，阿玛尼的设计是明星中的明星，明星们只有对他发出特别邀请，才能够穿上他的设计，然后不出所料地

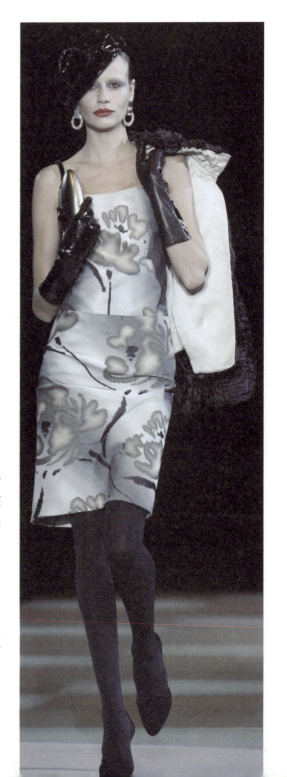

艳冠群芳。正如所有的超级巨星都将阿玛尼时装视作完美之选，阿玛尼使得明星们终于拥有了绝配顶级时装的红毯利器。

"质地是我成功的秘诀"

　　不同于传统法式风格着重款式，作为意大利奢华品牌的典范，阿玛尼的服装就以无懈可击的面料而著称，

并根据面料的特质与人体特征，诞生出一款款完美的时装。阿玛尼在选材方面独树一帜，早在1973年的设计中，他就向人们诠释了把皮革当做一种日常材料来使用的新理念。亚麻、斜纹软呢等都是他所偏爱的材料，由于对材料的质地以及表现效果的深入揣摩，阿玛尼服装上的装饰往往就来自材料本身，比如薄纱上的金银刺绣以及其他一些具有浓郁亚非民族特色的传统装饰。打破性

别藩篱的中性化穿衣时尚也是阿玛尼
的一大特色。本着世界均衡的观念，
设计师大量运用黑、灰、深蓝，还有
其独创的一种介于茶色和灰色之间的
生丝色，被人称作"以中性颜色的基
调在工业社会所需求的新颖和传统的
经典之间取得了一个狡猾的平衡"。
他创新性地将男性上衣过于硬朗刚毅
的外观完全改变，意大利式的休闲上
装，长款的柔软无领夹克已经伴着耶

皮士的封号进入主流男性意识。在女装设计中，暗色布料与细节处纤柔的设计相互融合，端庄而不失雅致。

阿玛尼名气日盛，生意日隆，开设副牌（second line）似乎是自然不过的事。 1981年，安普里奥·阿玛尼（Emporio Armani）正式成立，于米兰开设首间安普里奥·阿玛尼专门店。"Emporio"是意大利文，意思是"百

货公司"。从其名字可想象到安普里奥·阿玛尼就是一间阿玛尼百货公司，货品种类林林总总：有男装、女装、鞋履、香水以至眼镜饰物，等等。风格走年轻路线，为爱阿玛尼但不喜欢穿成熟的主线的年轻人，提供了多一个不俗的选择，一间他们喜爱的生活百货公司。

乔治·阿玛尼的品牌体系

乔治·阿玛尼在社会精英群体及时尚的细分市场里也运用类似的方式延伸品牌。如今乔治·阿玛尼的品牌由一个主品牌和5个子品牌构成，这些品牌在不同的价格水平上满足不同的目标消费者。

署名乔治·阿玛尼的产品线：这是由阿玛尼成衣和奥斯卡礼服等组成的衣饰系列。该系列售价极高，其主要目标消费群在35—50岁。

安普里奥·阿玛尼：该品牌特别瞄准了25—35岁的专业人士群体，并提供与目标人群相关的具有时代感的设计。

安普里奥·阿玛尼带着乔治·阿玛尼的威势，于80年代大受欢迎，分店开了一间接一间，由米兰开到美洲、亚洲。近年，更于世界各地12个不同的城市如巴黎、大阪等开设安普里奥·阿玛尼咖啡店（Emporio Armani Coffee），将音乐、美食、室内设计美学等概念融会在一起，为寻常百姓家展示了

一代意大利名师的休闲生活哲学。

阿玛尼·牛仔：这是阿玛尼衣饰最低层次的品牌，它面向大众市场，而乔治·阿玛尼则针对高端市场。阿玛尼·牛仔充分满足18—30岁的年轻人的需要，它提供具有时尚和奢华倾向的服饰。

阿玛尼交易所：这是阿玛尼产品链上

特许外包零售的品牌。它向消费者提供一些尽显品牌魅力的服务。阿玛尼交易所通过向消费者提供全套衣饰和附属品来尽显乔治·阿玛尼全部的奢华时尚感。

这些子品牌帮助乔治·阿玛尼在许多不同的时尚成衣市场运作。但这还不是全部。它让阿玛尼不仅跨越相同品类的众多细分区域而且也跨越了不同品类。

阿玛尼的配件包括了皮件、鞋子、眼镜、领带、丝巾等，与服装一样讲究精致的质感与简单的线条，清楚地衬托款式单纯的意大利风格服装。即使是泳装，也都省去繁复的装饰线条，以雕塑性感曲线的剪接为主，有着一种无法形容的优雅气质。

从时装到美容品的成功

阿玛尼在服装领域取得巨大成功之后，他把高级定制的概念应用到原本属于快速消费品的美容领域，使得每一件美容单品都成为隽永的艺术品。作为一个在护肤、彩妆、香水领域都高居金字塔顶端的专业美容品牌，自2000年创立以来，在非常短的时间内，就凭借其低调、奢华与超越时光的优雅，获得世界巨星以及全球专业彩妆师的热烈拥戴，成为贵族名流与时尚人士的

挚爱。

在护肤领域，阿玛尼将其对于高级时装面料质感的极致追求，以他对自然的无尽热爱投注于"黑钥匙"顶级护肤系列的研发中去，令"黑钥匙"面霜成为另一个超越时空的奇迹成就。它给人带来的感觉是如此新奇又如此亲切，那种凝霜质地在掌心如初雪融化般幻化成细密凝乳的神奇，那种轻轻贴上肌肤就完全渗透的完美感受，顷刻间就能观察到明显的光彩提升，令每一个使用过"黑钥匙"的人都赞不绝口。

对于色彩产品，阿玛尼认为，"女性应该懂得从色彩中找寻乐趣，以色彩表达情感，激发无限想象"。阿玛尼要求他的彩妆色彩拥有取自自然的优雅和谐，沉醉其中，你会发现有黎明破晓时分的淡淡天空色；也有暴风雨来临前的天空幽蓝色；有取自斑斓各异的岩石色；还有灵感来自海底深处的珍珠色；取自于炙热日落的红色，一切都非常自然迷人，令人怦然心动。

香水，作为阿玛尼庞大时尚王国相当引人瞩目的一部分，有着与时装相同的特质，优雅至上、低调奢华，并且在全球范围赢得了广泛的赞誉。香水奥斯卡FIFI大奖多次青睐代表着现代、简约、经典的阿玛尼香水系

列，阿玛尼曼尼女士香水、印记男士香水以及阿玛尼贵族香水系列都曾经大奖加身。

阿玛尼的成功运作

阿玛尼集团是全球现今主导时尚和高级消费品的集团之一，拥有13间厂房，雇员人数达4700名，掌管设计、生产、分销以及零售时尚产品，包括服装、配饰、眼镜、手表、首饰、家居用品、香水及化妆品。旗下品牌包括乔治·阿玛尼、阿玛尼成衣、安普里奥·阿玛尼、阿玛尼·牛仔、阿玛尼交易所、阿玛尼少年和卡萨·阿玛尼。阿玛尼积极推出自己的零售店，加强对零售终端的控制，也是阿玛尼的营销战略之一。现时，集团拥有的独立专卖店遍布全球36个国家，共有58家阿玛尼专卖店、11家阿玛尼成衣专卖店、121家安普里奥·阿玛尼专卖店、68家阿玛尼交易所专卖店、13家阿玛尼·牛仔专卖店、6家阿玛尼少年专卖店、1家阿玛尼服装展区专卖店和16家卡萨·阿玛尼专卖店。经过30年的发展，现已成为世界顶级服装品牌。

阿玛尼品牌档案：

国家：意大利

创建年代：1975年

创始人：乔治·阿玛尼和塞尔焦·加莱奥蒂

公司总部：意大利米兰

品牌系列：男装、女装、鞋靴、手袋配饰、腕表、眼镜、珠宝首饰、香水及彩妆品、家居饰品。

阿玛尼（Armani）官方网站：http://www.giorgioamarni.com

当时尚与传统相通、雅致与实用并重的英伦品牌巴宝利（BURBERRY）进入大众的视线，一股带有亲和力的不列颠流行风潮便由此掀起。

巴宝利（BURBERRY）——英国皇家御用

　　身处英国街头，即使吹着寒风、下着细雨，但英国人却不爱撑伞，宁愿穿上一件风衣。这并不是英国人的怪癖，而是一件遮风挡雨的风衣所提供的效果，而提起风衣，许多人首先联想到的就是英国品牌巴宝利。巴宝利开始是风衣的品牌，这个品牌在英国已有150多年的历史，是真正的皇家老牌，也是英国国宝级品牌。

1856

Thomas burberry opened a small outfitters shop in Basingstoke,Hampshire,England.

1856年，有个21岁的青年叫做托马斯·巴伯利，他在汉普郡的贝辛斯托克开了一家用自己的名字命名的店，叫做"巴宝利"户外服饰店。由于经营有方，这家店的生意越来越兴旺。到了1870年，巴宝利已经成为当地生产户外服饰的知名商家，甚至当时一些著名的运动员也是它的常客。

　　1835年，托马斯·巴伯利出生于英国，他早年曾在经营布料的商店内当学徒，对面料熟悉，他在1880年利用新的织造方法，发明了一种防水、透气、耐磨的斜纹布，并在1888年获得了专利。1891年，巴伯利在伦敦"干草市场"（Haymarket）开了第一家专卖店，现在那里仍是巴宝利公司的总部所在地。1901年，第一次世界大战爆发，巴宝利正式受英国军方委托，为英国军官设计新的制服。一种叫"Tielocken"（无

1870

A commitment to quality and innovation in fabric and outerwear earned following.

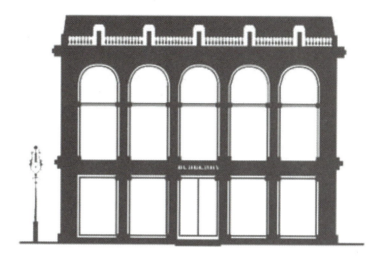

1891

The business opened a shop in the West End of London at Haymarket.

1895

Burberry developed the tielocken of the trench coat, which was adopted by british officers.

纽扣束腰）的风衣，这是巴宝利设计出第一款风衣，它也是今天著名的巴宝利风衣的雏形。为配合军事用途，在设计上也修改为双排扣、肩盖、背部有保暖的厚片，腰际附上D型金属腰带环，以便收放弹药、军刀的军用风雨衣（Trench Coat）！直到今日，翻开英国牛津辞典，如果想查

"风衣"这个单字，你会发现"Burberry"已成为风衣的另一代名词。而原本用于风衣内里的格纹，于1924年首度现身，优雅时髦的格调，直到今日更被广泛运用。

1911年，挪威探险家罗阿尔·阿蒙森上校率领一支5人的小分队，成功抵达南极点，他装备的就是巴宝利品牌的户外用品和服饰。他在南极点留下了一个巴宝利的斜纹布帐篷，以向后来者证明他完成了这次探险。巴宝利品牌因而世界闻名。

1924年，巴宝利注册了它的另一个著名标志：格子图案。这种由红、

1880

Gabardine,the breathable,weatherproof and tearproof fabric developed by burberry.

白、黑、浅棕四色组成的格子图案，当时被巴宝利用在了风衣内衬上，风衣、格子图案两者终于合二为一，这种风格，后来几乎成为巴宝利的同义词。凭着传统、精谨的设计风格和产品制作，1955年，巴宝利获得了由伊丽莎白女王授予的"皇家御用保证"徽章。后来在1989年，巴宝利又获得了威尔士亲王授予的"皇家御用保证"徽章。1967年，巴宝利开始把它著名的格子图案用在了雨伞、箱包和围巾上，愈加彰显了巴宝利产品的特征。

20世纪最初的10年里，巴宝利开始扩张自己的市场，并跨出英国国门，在巴黎和纽约建立起自己的专卖店。

1970年，巴宝利在纽约东57街上的旗舰店开张。1980年，巴宝利在美国不断扩大零售业务，除纽约外，旧金山、芝加哥、波士顿、费城、华盛顿等地都可以见到它的连锁店。

巴宝利——尊贵个性与生活品位延伸

1997年，罗斯·玛丽·布拉沃（Rose Marie Bravo）担任巴宝利公司的首席执行官，一支新的管理团队给巴宝利带来了新的面貌。新的精品设计、新的产品序列以及与众不同的广告宣传，使巴宝利这个老品牌获得新生。

1999年布拉沃请来了英国最著名的时装模特凯特·莫斯为巴宝利拍摄了一组广告片和海报。在一幅直到今天仍被奉为经典的海报上，凯特·莫斯身着格子婚纱，与身穿格子燕尾服的

新郎举行了一场"英伦格子婚礼"，婚礼上的所有嘉宾都穿着带有巴宝利格子的服饰，婚礼上的所有用具也都用巴宝利格子作为装饰。之后，巴宝利发扬光大，炫耀的历史众所周知。

90年代末期，时尚界吹起品牌新生的趋势，巴宝利开始在大环境下寻求突破。让传统英国的尊贵个性与生活品位延伸，重新演绎巴宝利的新动力哲学。由原来主要为皇室和年纪较长的名人提供服饰及至于多个层面的客人，进一步扩大客人网路。

2001年，巴宝利在创作总监克里斯多夫·贝利（Christopher Bailey）的带领下推出了珀松（Prorsum）高级男女装系列，不但为经典的干湿褛及格纹图案注入新元素，也为品牌建立时尚新形象，一改以往古老形象。另外，当时为巴宝利格子花纹加入新色——黑、红格子，及找来名模凯特·莫斯和斯特拉·坦南特（Stella Tennant）穿上BURBERRY Check比坚尼拍摄硬照，也使一度于品牌低潮的巴宝利重振雄风，令销售额增加了一倍，并成为100年来销售额最高的一年。

　　而2003年，巴宝利更推出了以创立人托马斯·巴伯利命名的新系列，提供更年轻及时款的轻便服饰，进一步把品牌推至年青品味一族。另外，托马斯·巴伯利的款式风格与前两者截然不同。BURBERRY LONDON——"经久世故"，BURBERRY PRORSUM——"经典且时尚"，而托马斯·巴伯利

（THOMAS BURBERRY）演绎的却是"一种纯粹的设计"，不受当前时尚的影响，非常讲求实际，是一种非时尚的时尚。

巴宝利外套的风格表现在机织密匝的毛料衣物；厚实、饰有徽章等金属元素的帆布服装。还有灵感自军装的运动衫、运动夹克、条纹衬衫、橄榄球运动衫、迷你裙等。饰品如围巾、低顶圆帽、针织帽、帆布包、旅行包等，无不体现出年轻人的活力与

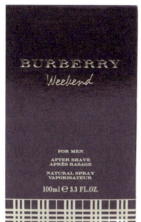

个性。

　　巴宝利的Logo 上将会印上巴宝利创建人托马斯·巴伯利先生的出生日期：1835年，而不是巴宝利格子商标。巴宝利产品在欧洲主要国家已经见诸店面，并且在杂志上已经露面。

巴宝利深受亚洲人所喜爱，
而日本人对之更是趋之若鹜。巴
宝利有鉴于日本市场的号召力及
炙手可热，特别以特许经营的合
作方式让日本生产由当地设计，

颜色较鲜艳、较年轻化及较便宜的巴宝利蓝色
标签（Burberry Blue Label）和巴宝利黑色标签
（Black Label）系列。其产品更只以日本国内为
唯一的销售地域，连作为总部的英国也不允许设
此两系列品牌的零售服务。

巴宝利品牌档案：

中文名：巴宝利

英文名：BURBERRY

国家：英国

公司总部：英国伦敦

创建年代：1856年

创建人：托马斯·巴伯利

产品系列：男装、女装、童装、
女士香水、男士香水、配饰、眼镜。

设计风格：英伦经典

现任设计师：克里斯托夫·贝利
（Christopher Bailey）

巴宝利（Burberry）官方网站：http://www.burberry.com